普通高等教育车辆工程应用型系列教材

汽车发动机零部件设计与建模

—— 基于 SolidWorks 2017

主　编　郑　彬
副主编　张敬东

北京理工大学出版社
BEIJING INSTITUTE OF TECHNOLOGY PRESS

内 容 简 介

本书以目前使用广泛的软件 SolidWorks 2017 为基础，针对车辆工程专业，利用 SolidWorks 2017 知识脉络，以实例为"抓手"，力求全面、细致地展现出 SolidWorks 2017 在汽车发动机零部件设计及建模方面的各种功能和使用方法。全书包含十余个常见的、不同类型和大小的汽车发动机零部件设计及建模实例，可让读者在学习实例的过程中快速了解 SolidWorks 2017 在汽车发动机零部件设计及建模中的用途，并加深对知识点的掌握，力求通过实例演练帮助读者找到一条学习 SolidWorks 2017 的捷径。

本书可以作为本科院校相关专业的教材，也可供行业内技术及工程人员参考使用。

版权专有　侵权必究

图书在版编目(CIP)数据

汽车发动机零部件设计与建模：基于 SolidWorks2017 / 郑彬主编. —北京：北京理工大学出版社，2021.4
ISBN 978-7-5682-9706-6

Ⅰ.①汽⋯　Ⅱ.①郑⋯　Ⅲ.①汽车-发动机-零部件-设计-应用软件 ②汽车-发动机-零部件-系统建模-应用软件　Ⅳ.①U464-39

中国版本图书馆 CIP 数据核字(2021)第 068117 号

出版发行 /	北京理工大学出版社有限责任公司
社　　址 /	北京市海淀区中关村南大街 5 号
邮　　编 /	100081
电　　话 /	(010)68914775(总编室)
	(010)82562903(教材售后服务热线)
	(010)68948351(其他图书服务热线)
网　　址 /	http://www.bitpress.com.cn
经　　销 /	全国各地新华书店
印　　刷 /	三河市天利华印刷装订有限公司
开　　本 /	787 毫米×1092 毫米　1/16
印　　张 /	14
字　　数 /	303 千字
版　　次 /	2021 年 4 月第 1 版　2021 年 4 月第 1 次印刷
定　　价 /	42.00 元

责任编辑 / 陆世立
责任校对 / 刘亚男
责任印制 / 李志强

图书出现印装质量问题，请拨打售后服务热线，本社负责调换

前言

　　SolidWorks 是基于 Windows 系统开发的三维实体设计软件，该软件以参数化特征造型为基础，具有功能强大、易学易用和技术创新等特点，是领先的、主流的三维 CAD 解决方案。SolidWorks 使用了 Windows OLE 技术、直观式设计技术、先进的 Parasolid 内核以及良好的与第三方软件集成的技术，在全球使用非常广泛。SolidWorks 能够为三维实体设计提供不同的设计方案，减少设计过程中的错误并提高产品质量，使用户能在较短的时间内完成更多的工作，能够更快地将高质量的产品投入市场。SolidWorks 内容丰富，涉及平面工程制图、三维造型、求逆运算、加工制造、工业标准交互传输、模拟加工过程、电缆布线和电子线路等多个应用领域。SolidWorks 自从 1996 年引入我国以来，受到了业界的广泛好评，许多高等院校也将 SolidWorks 用作本科制造专业教学和课程设计的首选软件。本书以目前使用最广泛的 SolidWorks 2017 为基础，介绍汽车发动机零部件设计及建模。

　　鉴于 SolidWorks 强大的功能和深厚的工程应用底蕴，本书针对车辆工程专业需要，利用 SolidWorks 2017 大体知识脉络作为线索，以实例为"抓手"，帮助读者掌握利用 SolidWorks 2017 进行汽车发动机零部件设计及建模的基本技能和技巧。

　　本书具有以下特点。

　　(1) 专业性。本书作者拥有多年计算机辅助设计领域的工作经验和教学经验。本书是作者总结多年的设计经验和教学的心得体会，历时多年精心编著而成的。本书力求全面、细致地展现出 SolidWorks 2017 在汽车发动机零部件设计及建模方面的各种功能和使用方法。本书严格遵守国家标准和相关规范，字里行间透露出一丝不苟的细致作风，以此培养读者严谨细致的工程素养，传播规范的工程设计理论与应用知识。

　　(2) 实例经典。全书包含十余个常见的、不同类型和大小的汽车发动机零部件设计及建模实例，可让读者在学习实例的过程中快速了解 SolidWorks 2017 在汽车发动机零部件设计及建模中的用途，并加深对知识点的掌握，力求通过实例的演练帮助读者找到一条学习 SolidWorks 2017 的捷径。

　　(3) 涵盖面广。本书在有限的篇幅内，包罗了 SolidWorks 2017 在汽车发动机零部件设计及建模中常用的功能讲解，涵盖草图绘制、特征操作、特征编辑、零件修改、工程图设计等内容。

　　(4) 突出技能提升。本书的很多实例来源于汽车发动机零部件工程设计项目，作者对其提炼和改编，不仅能够保证读者学好知识点，还能帮助读者掌握实际的操作技能。全书结合实例详细讲解 SolidWorks 2017 在汽车发动机零部件设计及建模中的知识要点，让读者在学习案例的过程中潜移默化地掌握 SolidWorks 2017 软件的操作技巧，同时培养其工程设计实践能力。

本书由攀枝花学院交通与汽车工程学院郑彬和攀枝花学院智能制造学院张敬东编写，是攀枝花学院教材建设项目(JC1921)的资助教材。感谢温州大学研究生尧遥、河北工业大学研究生杨宽、江西理工大学研究生王鑫、西南石油大学研究生何香江和小康工业集团有限公司发动机公司陈章、重庆渝安创新科技有限公司孙海锋、鄂靖元等在本书图片和文字处理过程中给予的帮助。

由于编者水平和经验有限，疏漏和不当之处在所难免，恳请读者提出宝贵意见，我们会在适当时机进行修订和补充，在此深表谢意。

编　者

2021 年 3 月

目 录

第 1 章 SolidWorks 基础知识 …………………………………………………… (1)
  1.1 SolidWorks 简介 ……………………………………………………… (1)
  1.2 SolidWorks 2017 设计工作界面的使用 ……………………………… (1)
  1.3 SolidWorks 2017 基本操作 …………………………………………… (3)

第 2 章 草图的绘制 ……………………………………………………………… (5)
  2.1 草图绘制操作面板 …………………………………………………… (5)
  2.2 草图绘制工具栏 ……………………………………………………… (7)
  2.3 草图绘制几何关系添加 ……………………………………………… (8)

第 3 章 添加特征关系 …………………………………………………………… (10)
  3.1 特征加工的基础界面 ………………………………………………… (10)
  3.2 建立特征 ……………………………………………………………… (11)
  3.3 常用特征编辑 ………………………………………………………… (18)

第 4 章 活塞建模 ………………………………………………………………… (32)
  4.1 活塞概述 ……………………………………………………………… (32)
  4.2 活塞建模步骤 ………………………………………………………… (33)
  4.3 活塞环概述 …………………………………………………………… (42)
  4.4 活塞环建模步骤 ……………………………………………………… (43)

第 5 章 连杆建模 ………………………………………………………………… (47)
  5.1 活塞连杆概述 ………………………………………………………… (47)
  5.2 连杆建模步骤 ………………………………………………………… (48)

第 6 章 曲轴建模 ………………………………………………………………… (88)
  6.1 曲轴概述 ……………………………………………………………… (88)
  6.2 曲轴建模步骤 ………………………………………………………… (89)

第 7 章 飞轮及曲轴正时齿轮建模 ……………………………………………… (107)
  7.1 飞轮概述 ……………………………………………………………… (107)
  7.2 飞轮建模步骤 ………………………………………………………… (108)
  7.3 曲轴正时齿轮概述 …………………………………………………… (112)

7.4　曲轴正时齿轮建模步骤 …………………………………………………… (113)

第8章　气缸、缸套及曲轴箱建模 ………………………………………………… (118)
8.1　气缸体 …………………………………………………………………………… (118)
8.2　气缸建模步骤 …………………………………………………………………… (120)
8.3　缸套建模步骤 …………………………………………………………………… (131)
8.4　曲轴箱建模步骤 ………………………………………………………………… (132)

第9章　气缸盖及气缸垫建模 ……………………………………………………… (137)
9.1　气缸盖概述 ……………………………………………………………………… (137)
9.2　气缸盖建模步骤 ………………………………………………………………… (138)
9.3　气缸垫概述 ……………………………………………………………………… (149)
9.4　气缸垫建模步骤 ………………………………………………………………… (150)

第10章　气门组建模 ………………………………………………………………… (154)
10.1　配气机构概述 …………………………………………………………………… (154)
10.2　气门弹簧建模步骤 ……………………………………………………………… (155)
10.3　气门建模步骤 …………………………………………………………………… (158)
10.4　气门弹簧座与锁片建模步骤 …………………………………………………… (161)

第11章　气门传动组建模 …………………………………………………………… (169)
11.1　凸轮轴概述 ……………………………………………………………………… (169)
11.2　凸轮轴建模步骤 ………………………………………………………………… (170)
11.3　凸轮轴基础模型几何特征添加 ………………………………………………… (189)
11.4　凸轮轴正时齿轮建模步骤 ……………………………………………………… (195)

第12章　同步正时带建模 …………………………………………………………… (202)
12.1　同步正时带概述 ………………………………………………………………… (202)
12.2　同步正时带建模步骤 …………………………………………………………… (203)

第13章　火花塞建模 ………………………………………………………………… (208)
13.1　火花塞概述 ……………………………………………………………………… (208)
13.2　火花塞建模步骤 ………………………………………………………………… (208)

参考文献 ……………………………………………………………………………… (217)

第 1 章 SolidWorks 基础知识

1.1 SolidWorks 简介

  SolidWorks 是重要的机械设计和制造软件,有功能强大、易学易用和技术创新三大特点。SolidWorks 在设计和建模时对模型有严格的尺寸和状态要求,能做到完全地定义零部件状态,并在后期的力学分析中数字化地体现出力学特点。

  据人才网站检索,与其他 3D CAD 系统相比,有关 SolidWorks 的招聘广告比其他软件的总和还要多,这就比较客观地说明了越来越多的工程师使用 SolidWorks,越来越多的企业雇佣 SolidWorks 人才。据统计,全世界用户每年使用 SolidWorks 的时间已达 5 500 万小时。

  在美国,包括麻省理工学院、斯坦福大学在内的著名大学已经把 SolidWorks 列为制造专业的必修课,国内的一些大学(教育机构),如清华大学、电子科技大学、中山大学等也在应用 SolidWorks 进行教学。

1.2 SolidWorks 2017 设计工作界面的使用

  通常,SolidWorks 2017 安装完成后会有一系列的附属软件,如图 1-1 所示。

图 1-1 SolidWorks 2017 的附属软件

这些软件对应了许多不同的特殊功能，但并不需要一一去学习。建模设计时最常用的软件如图 1-2 所示。

图 1-2　建模设计时最常用的软件

打开软件后可以看到工作界面，在这一界面中可以选择创建自己需要的文件属性，包括零件模型设计、装配体配合以及工程图生成，如图 1-3 所示。用户可以单击左下角的"高级"按钮根据自己的需求更改工程图模板的格式。

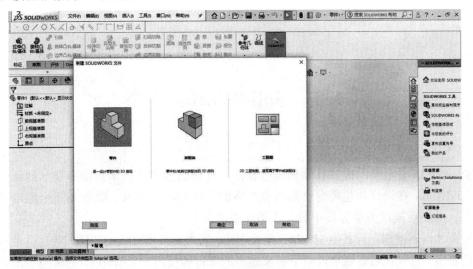

图 1-3　工作界面

打开零件图设计之后可以看到零件图操作面板，如图 1-4 所示。

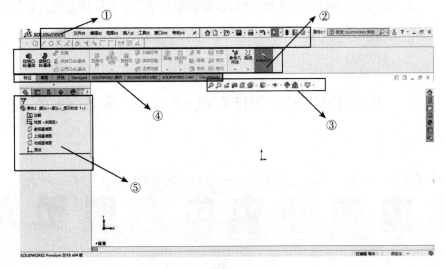

图 1-4　零件图操作面板

图1-4中对应的标号解释如下。

①：在这一栏中可以选择文件的创建和软件操作面板的设定，包括新增或减少工具栏、计量单位的更改等。

②：在这一栏中可以找到绘制草图、特征图(给平面草图赋予三维特征)等相对应的操作选项。

③：在这一栏中可以更改三维视图、剖分视图、设计部件的隐藏、背景界面等。

④：在这一栏中可以选择不同的工具(图中只显示了部分工具，用户可以根据自己的需求右击此栏进行删除或添加)。其中，"草图"工具和"特征"工具是绘制模型的基础，前者是绘制三维模型的平面草图基础，后者可通过对平面草图进行拉伸、旋转等操作完成三维模型的绘制。其余的如"曲面""钣金""焊接"等工具可以对草图或者特征进行不同的加工。

⑤：在这一栏中可以看到所有关于三维模型或者草图的具体属性，并进行属性的设定。例如，在这里可以看到整体模型建立时的设计树，以及在绘制草图或者进行特征加工等具体操作时的尺寸设定等。

在绘图过程中，工作界面右下角可以显示出当前鼠标的操作坐标和当前草图定义的情况，如图1-5所示。

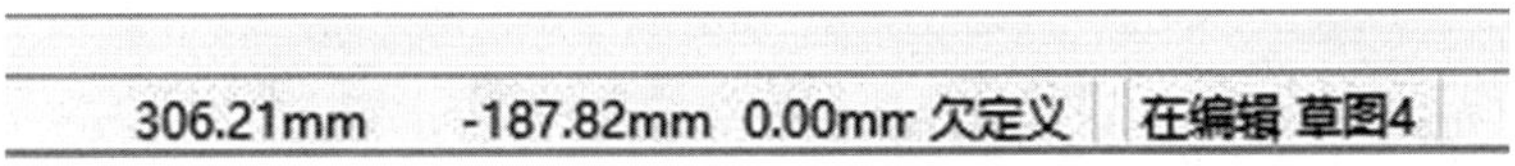

图1-5 绘图位置及图形定义

1.3 SolidWorks 2017 基本操作

在创建模型时经常需要切换视角，以方便操作的视角进行制图，这时就得旋转、平移草图或者模型。以下是绘图时常用的视图操作的快捷方式。

(1)同时按住<Ctrl+数字键1~7>组合键可以快速切换到前视图、后视图、左视图、右视图、上视图、下视图和等轴测视图。

(2)按住鼠标滑轮并移动鼠标可旋转视图。

(3)按住<Ctrl>键和鼠标滑轮并移动鼠标可以平移视图。

(4)滑动鼠标滑轮可以放大或者缩小视图。

(5)按<Space>键可以直接弹出详细的视图选择框，如图1-6所示。

(6)按住鼠标右键并滑动鼠标可以快速确定常用的视图或者常用的设计选项，如图1-7和图1-8所示。

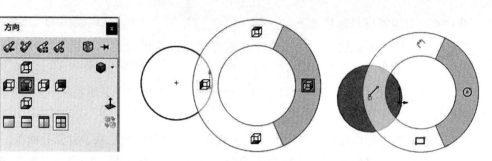

图1-6 详细的视图选择框　　图1-7 常用的视图　　图1-8 常用的设计选项

(7)按住<Ctrl>键和鼠标右键可以多选(常用于草图之间添加几何关系和装配体之间的配合)。

在建模设计时,始终需要记住一点——软件学习只是基础中的基础。三维建模最重要的是要有自己的建模想法、建模的思维过程,要时刻去思考通过什么样的途径才能设计出自己想要的三维模型。

第 2 章 草图的绘制

在 SolidWorks 2017 中,草图的绘制是特征加工的基础。只有在草图绘制准确的情况下,才能够在特征加工后得到精确的 3D 模型。

2.1 草图绘制操作面板

打开 SolidWorks 2017,选择任一基准面,单击"草图绘制" 按钮,进入草图操作面板,如图 2-1 所示。

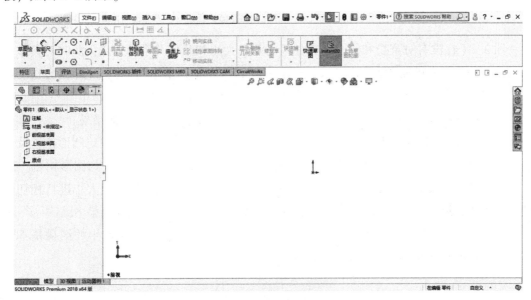

图 2-1 草图操作面板

在绘制草图之前应了解 SolidWorks 绘制草图的 3 项基本要求。

（1）绘制任意模型的草图都只能在平面中绘制，无论是曲面还是特征实体的草图。

（2）一个草图只能对应一次特征加工。

（3）SolidWorks 2017 中存在约束条件，如草图图形的长短、直径、大小、坐标位置、点与点、直线与圆、圆与圆的关系。这些关系完全确定后，才表示这一图形定义完整，才能在进行草图的位置配合时，更好地控制配合关系，如图 2-2 所示。

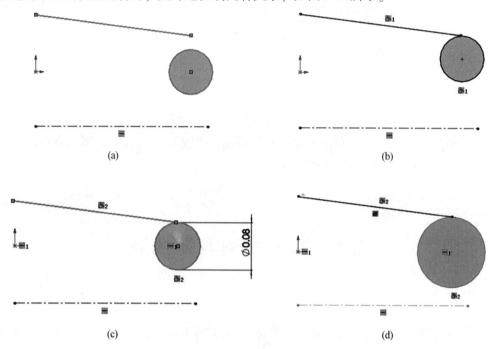

图 2-2　绘制草图

(a)草图；(b)草图添加几何关系 1；(c)草图添加几何关系 2；(d)草图添加几何关系 3

图 2-2(a)没有对直线和圆心进行任何的几何大小和几何关系的定义，此时对其添加相切几何关系就有可能发生图 2-2(b)、图 2-2(d)等一些列举出的情况（计算机会自动产生，可能是需要的几何关系，也可能是不需要的几何关系）。

图 2-2(b)是没有对直线和圆形添加几何约束后添加几何关系产生的结果。

图 2-2(c)是将圆心与原点添加几何关系以及定义圆形半径，达到固定圆形位置及大小后再与直线相切产生的结果。此时圆形没有变化，而直线发生了平移并与圆形相切。

图 2-2(d)是固定了圆的位置与直线的位置，并且没有定义圆形半径大小进行相切配合后产生的结果。可以看到，相切配合是圆形扩大圆半径与直线贴合的结果。

由此可见，对两几何关系进行不同的几何约束后再添加几何关系产生的结果是不同的，在以后的草图绘制中要注意这一点。

2.2　草图绘制工具栏

草图绘制工具栏如图 2-3 所示。

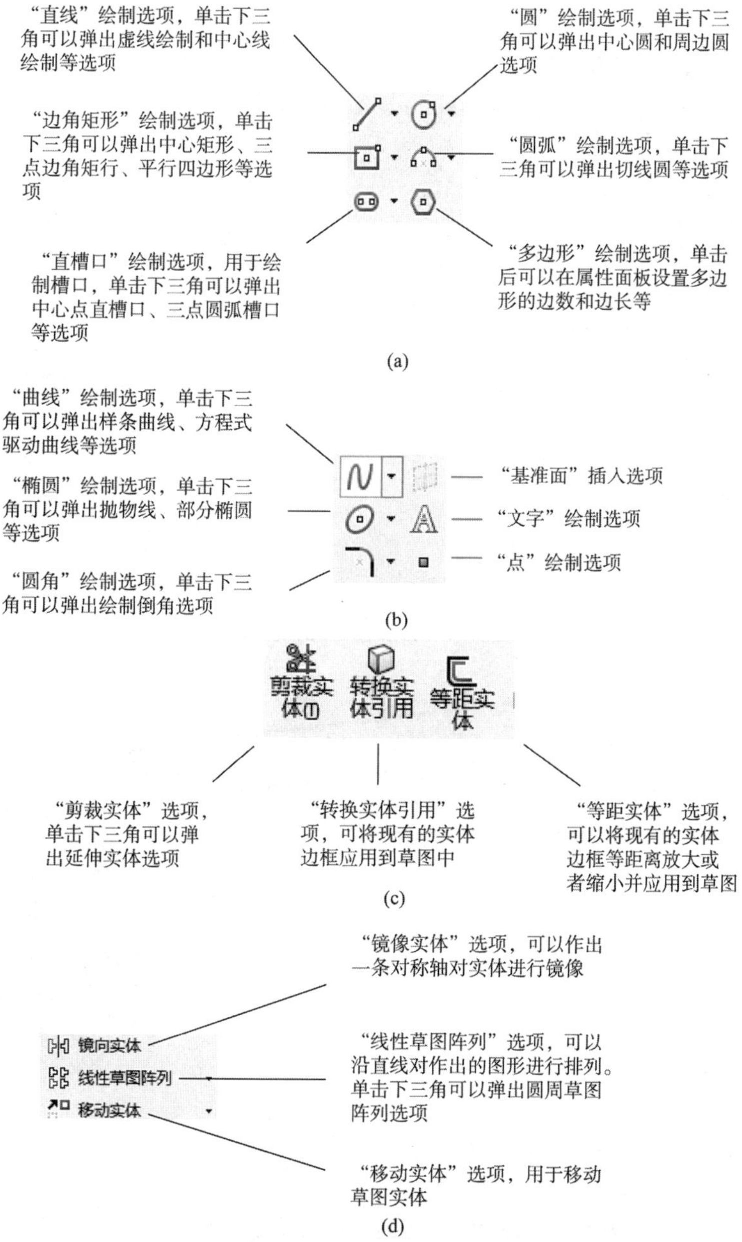
“直线”绘制选项，单击下三角可以弹出虚线绘制和中心线绘制等选项
“圆”绘制选项，单击下三角可以弹出中心圆和周边圆选项
“边角矩形”绘制选项，单击下三角可以弹出中心矩形、三点边角矩行、平行四边形等选项
“圆弧”绘制选项，单击下三角可以弹出切线圆等选项
“直槽口”绘制选项，用于绘制槽口，单击下三角可以弹出中心点直槽口、三点圆弧槽口等选项
“多边形”绘制选项，单击后可以在属性面板设置多边形的边数和边长等
(a)
“曲线”绘制选项，单击下三角可以弹出样条曲线、方程式驱动曲线等选项
“基准面”插入选项
“椭圆”绘制选项，单击下三角可以弹出抛物线、部分椭圆等选项
“文字”绘制选项
“圆角”绘制选项，单击下三角可以弹出绘制倒角选项
“点”绘制选项
(b)
剪裁实体(T)
转换实体引用
等距实体
“剪裁实体”选项，单击下三角可以弹出延伸实体选项
“转换实体引用”选项，可将现有的实体边框应用到草图中
“等距实体”选项，可以将现有的实体边框等距离放大或者缩小并应用到草图
(c)
“镜像实体”选项，可以作出一条对称轴对实体进行镜像
镜向实体
线性草图阵列
移动实体
“线性草图阵列”选项，可以沿直线对作出的图形进行排列。单击下三角可以弹出圆周草图阵列选项
“移动实体”选项，用于移动草图实体
(d)

图 2-3　草图绘制工具栏

2.3 草图绘制几何关系添加

在绘制草图过程中定义草图图形关系时，按住<Ctrl>键选择需要添加几何关系的两个图形，此时可以在属性框设定两图形需要添加的几何关系，如图2-4所示。部分几何关系定义后在草图中的指示标志如图2-5所示。

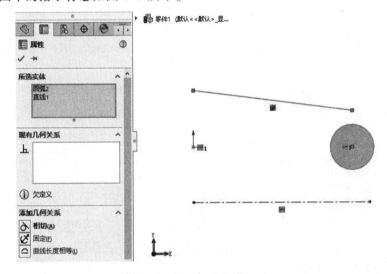

图2-4 添加图形几何关系

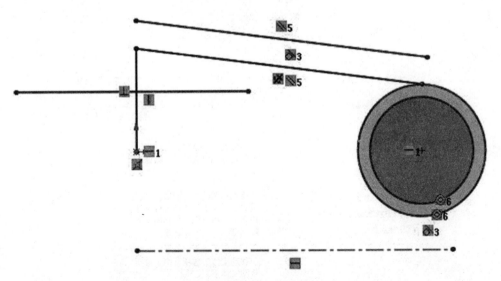

图2-5 部分几何关系定义后在草图中的指示标志

各指示标志的含义如下。

(1) ■表示线条为竖直的。

(2) ■表示线条为水平的。

(3) ■表示图形位置固定。

以上三者都可以单独定义。

(4) ■表示两直线平行。

(5) ■表示圆形或圆弧同心。

以上两者都是成对出现的。

(6) ■表示线条重合。

(7) ■表示相切。

以上只是常见的几何关系定义标志的一部分，在属性栏中添加几何关系后，可以在草图中找到相对应的标志，确保几何关系的准确性。

在定义几何关系时 SolidWorks 2017 中存在两个概念：一是过定义；二是错定义。

过定义是指在图形定义完全后继续添加正确的几何关系系统报错的现象，通常系统将过定义的草图线条转换为黄色。

错定义是指当前添加的几何关系是错误的，即当前添加的几何关系与之前添加的几何关系存在矛盾。此时，系统会弹出错定义指示框，并将错定义相关联的草图线条转换为红色。

SolidWorks 2017 是一款较精密的软件，在绘图时需要完整的图形数据和完备的图形几何关系的添加，这样才能保证绘制出的立体图形效果较好。

第 3 章 添加特征关系

在添加特征关系时可以先定义需要进行的特征加工，后绘制草图；也可以先绘制草图，后定义特征加工。对绘制的草图进行旋转、拉伸、扫描、放样等特征加工可以直接生成三维模型。

3.1 特征加工的基础界面

绘制圆形，在"特征"栏中单击"凸台-拉伸"图标，进入特征加工操作界面，如图 3-1 所示。

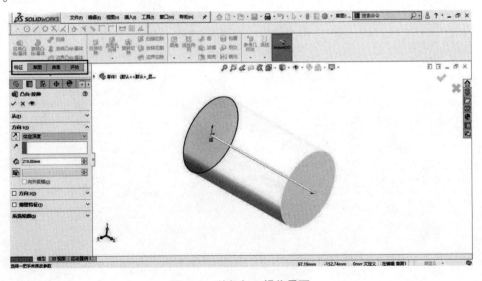

图 3-1 特征加工操作界面

特征加工操作界面的布局与草图绘制界面布局相似，在左侧面板可以进行设计树查看、属性数据设置等操作。需要注意的是，特征加工的所有操作均是在完整草图的基础上进行的。如果在绘制草图时没有达到要求的精度和数据的准确性，后期特征加工的结果也不会很理想。

值得注意的是，图3-1中方框圈住的部分除了"草图"以外都是进行三维模型加工的选项。其中，"特征"栏中的工具是最常用的三维建模工具。其余的如"曲面"以及图3-1中没有调出的"钣金设计""焊接设计"在本章中不涉及，如有兴趣可以自行查看相关资料学习。

在特征加工的过程中，一部分特征加工方式只需要一个草图就可以实现，还有一部分特征加工方式需要多个草图才可以实现。

3.2　建立特征

3.2.1　拉伸凸台/基体

选择任意平面进入草图绘制面板，绘制闭合图形，然后单击"特征"栏中的"拉伸凸台/基体" 图标。在属性框中设置拉伸要求或者直接拖动箭头进行拉伸，如图3-2和图3-3所示。

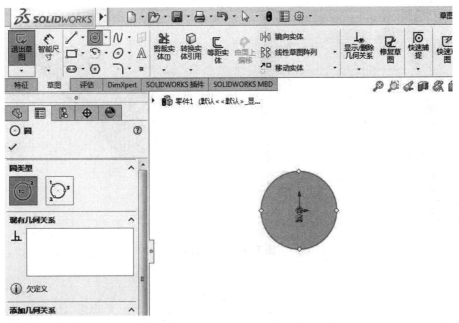

图3-2　绘制闭合图形

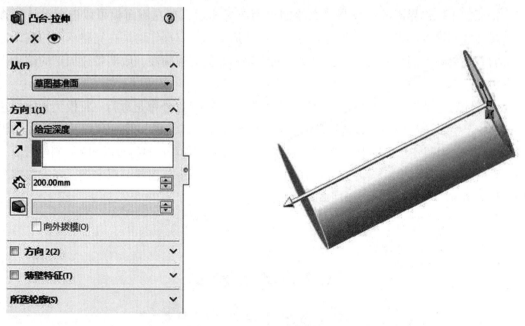

图 3-3　对图形进行拉伸

对目标草图进行拉伸时,在属性框中可以设置拉伸方向和薄壁特征。在设置方向时可以给定双向拉伸,如图 3-4 所示;在此基础上设置薄壁特征和拔模特征,如图 3-5 所示;设置薄壁特征后还可以添加端盖,如图 3-6 所示。

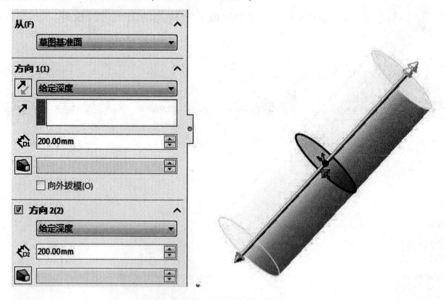

图 3-4　双向拉伸

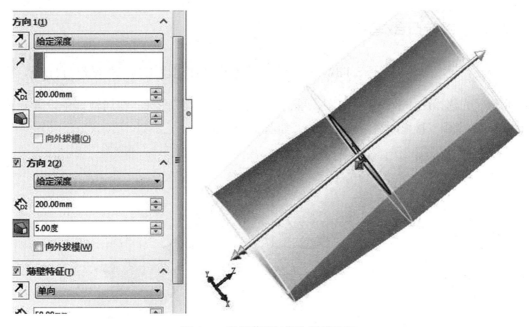

图 3-5 设置薄壁特征和拔模特征

图 3-6 添加端盖

属性框设置不同时设计出的三维模型如图 3-7 所示。

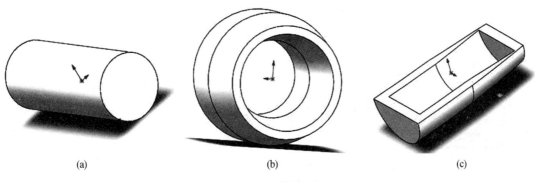

图 3-7 三维模型

(a) 只设置拉伸方向的三维模型;(b) 设置薄壁特征及拔模特征的三维模型;(c) 设置端盖后的三维模型(空心管剖面图)

3.2.2 旋转凸台/基体

"旋转凸台/基体"是 SolidWorks 中第二个基础特征建模工具,其操作与"凸台-拉伸"相似。先选择任一平面建立草图,单击"旋转凸台/基体"图标,在属性框中设置旋转轴和转动角度成直接拖动箭头进行旋转,如图 3-8 所示。

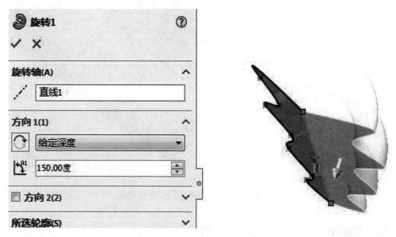

图 3-8 对图形进行旋转

3.2.3 扫描

相对于"凸台-拉伸"和"旋转凸台/基体","扫描"需要两个基础草图才能操作完成。在这里先选择前视基准面进入草图绘制出一闭合草图图形,退出草图后选择右视基准面绘制出直线或者曲线路径,如图 3-9 所示。

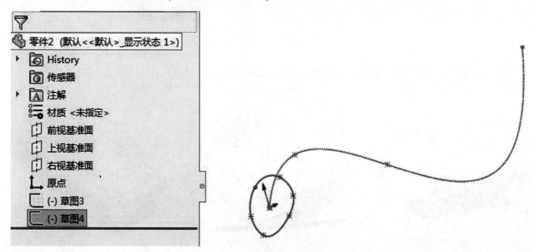

图 3-9 进行扫描特征操作的草图准备

单击"特征"栏中的"扫描"图标,在属性框中将草图3选入"轮廓"中,草图4选入"路径"中,然后添加一个薄壁特征使其变为一个弯曲的、不规则的空心管道,如图3-10所示。

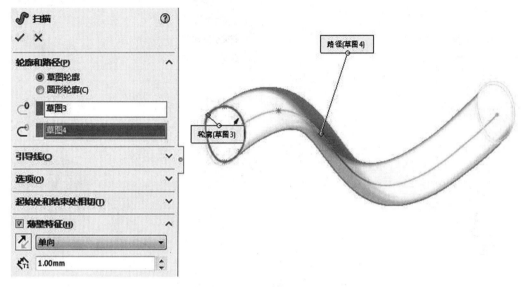

图3-10 扫描特征添加

空心管剖面特征如图3-11所示。

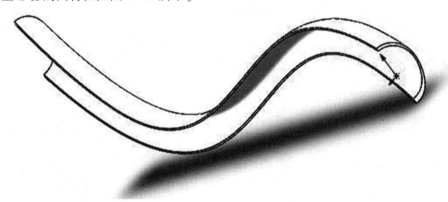

图3-11 空心管剖面特征

3.2.4 放样凸台/基体

与"扫描"相同,"放样凸台/基体" 放样凸台/基体 也需要两个(甚至多个)不同平面草图才能完成。如果绘制的草图在同一平面,则放出的模型也只能是一个平面。任意选择一个平面绘制一封闭图形,退出草图后,在此基础上创建一个新的基准平面,如图3-12所示。

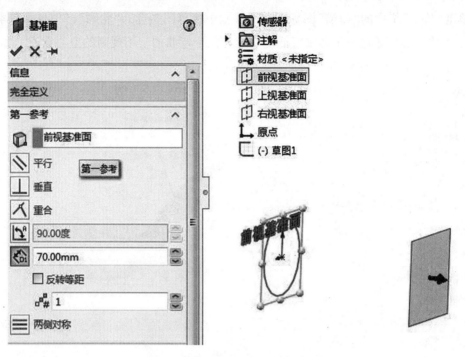

图 3-12　创建一个新的基准平面

在新的基准面上再绘制一个新的封闭草图，草图完成后单击"放样凸台/基体"按钮，将草图 1 与草图 2 选入属性框中，如图 3-13 所示。

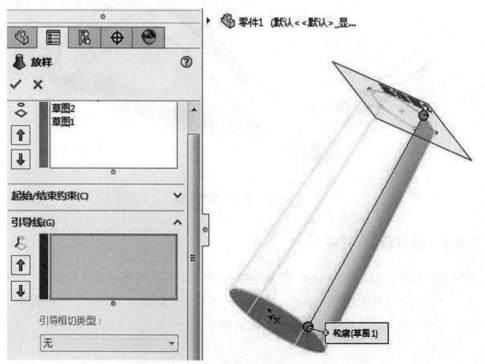

图 3-13　放样特征操作

在此基础上，添加任意一条引导线，即可得到一弯曲的放样体特征，如图3-14所示。

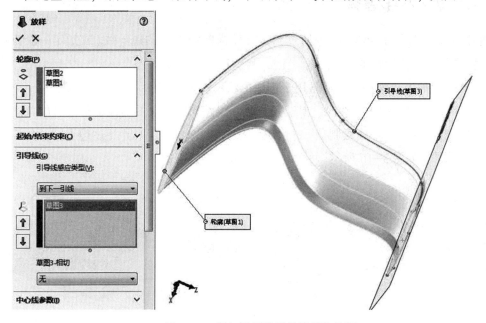

图3-14　添加引导线后的放样体特征

当然，也可以添加多个草图平面，如图3-15所示。

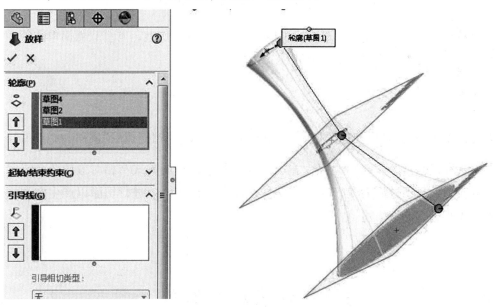

图3-15　添加多个草图平面

此外，设置的平面可以互成一定角度。用户完全可以按照自己的需要设置不同的平面，绘制不同的放样体。在模型建立的过程中，要灵活运用已经学习的方式去达到自己的目标，更要知道如何运用平面关系去表达所需要的图形关系。

3.2.5 边界凸台/基体

"边界凸台/基体" 边界凸台/基体 可通过制定实体横向和纵向的边界线(或指定一个方向的边界线)来创建实体的特征。

"边界"特征加工较为特殊,通常用于创建形状不规则的实体。

当指定一个方向上的边界线时,其建模过程、思路和创建出的实体都与"放样"加工相似。采用3D草图和新建平面绘制出一个相对不太规则的草图框架,经过边界特征加工即可达到相应效果,如图3-16所示。

图 3-16 简单边界特征加工
(a)3D草图;(b)边界属性框;(c)实体

边界特征的参数较多,但在三维建模过程中使用较少。因此,本书只做简单介绍,读者在具体使用时可查阅相关书籍详细学习。

3.2.6 切除

切除命令主要包括"拉伸切除" 拉伸切、"旋转切除" 旋转切、"扫描切除" 扫描切除、"放样切割" 放样切割和"边界切除" 边界切除等。这几种切除操作的绘图方式与相对应的凸台或实体建模方式类似,只不过后者是产生一个实体,前者是在实体中进行切除以产生空洞。因此,本书不再进行详细阐述。

3.3 常用特征编辑

特征设计完成后,如果生成的实体不符合要求,则可以对其进行修改或重新定义。对于相同或相似的特征还可以用镜像和阵列的方式来简化操作步骤,以提高设计和开发效率。

3.3.1 孔特征

孔的特征加工比较特殊，它是通过在基础特征上去除材料而生成的。孔的特征加工命令包括"异型孔向导" 异型孔向导、"高级孔" 高级孔 及"螺纹线" 螺纹线 。

异型孔向导是指创建不常见的圆柱孔，如柱形沉头孔、直螺纹孔、锥孔槽口等。异型孔的加工特征及选项如图 3-17 所示，在属性框中可以设置不同的孔类型。其中，是收藏选项栏，设置好特定的孔后单击此图标可以将其保存，再次插入此异形孔就无须重复设置。

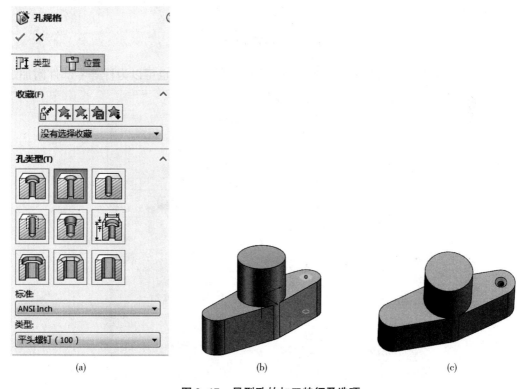

图 3-17 异型孔的加工特征及选项

异型孔设置可以根据不同的标准产生孔，也可以在图标中直接找到需要的孔类型。不常见的孔类型可以在"孔类型"的下拉列表中选择。

高级孔是指可以将多个异型孔特征组合起来，创建更加复杂的孔特征，其属性设置如图 3-18 所示。

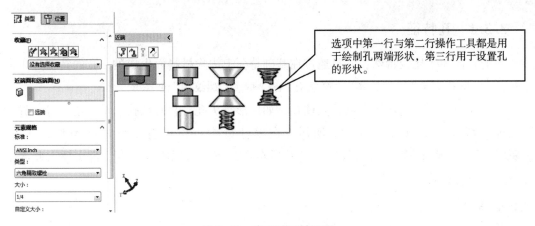

图 3-18 高级孔属性设置

螺纹线可以为孔添加实体螺纹特征，可以剪切出螺纹线，也可以为杆等零部件附加螺纹线。给圆柱添加螺纹的过程如图 3-19 所示。

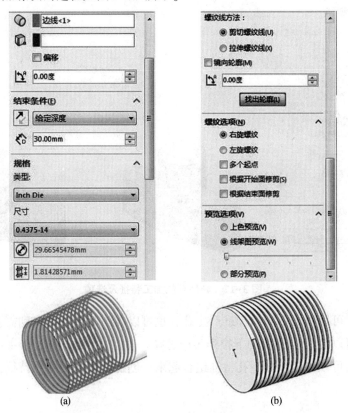

图 3-19 给圆柱添加螺纹

在属性框中可以设置螺纹的相关属性，如深度、轮廓和方向等。

3.3.2 倒角与圆角操作

创建一个长、宽、高均为 25 的长方体模型，如图 3-20 所示。

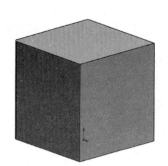

图 3-20　长方体模型

(1) 单击"特征"栏中的"圆角" 图标，选择圆角方式，再单击长方体的任意一边，或者单击一个面或几个面，最后单击 ✓ 按钮，圆角属性框如图 3-21 所示，预览图如图 3-22 所示，实体图如图 3-23 所示。

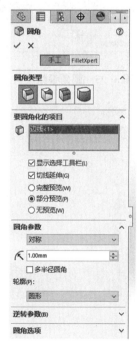

图 3-21　圆角属性框

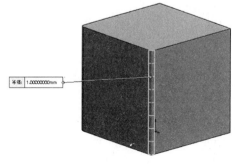

图 3-22　预览图

图 3-23　实体图

（2）单击"特征"栏中的"圆角"图标，然后单击图标，再单击长方体任意一边（也可以是几边），接着在"变半径参数"里单击"V_1"选项，在后面的文本框中输入参数，如图3-24所示。

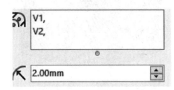

图 3-24　圆角参数

再单击"V_2"选项，在后面的文本框中输入参数，如图3-25所示。

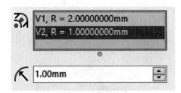

图 3-25　圆角参数设置

最后单击✓按钮，如图3-26所示。

图 3-26　渐变圆角

(3)单击"特征"栏中的"圆角" 图标,然后单击 图标,选择长方体的两面,最后单击✓按钮,如图3-27所示。

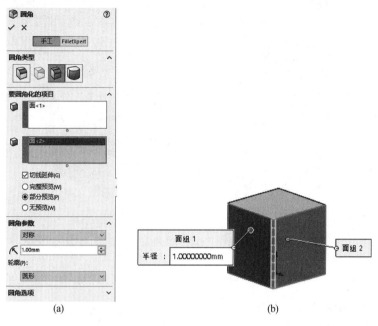

图 3-27 面组圆角

(4)单击"特征"栏中的"圆角" 图标,然后单击 图标,选择长方体的三面,最后单击✓按钮,如图3-28所示。

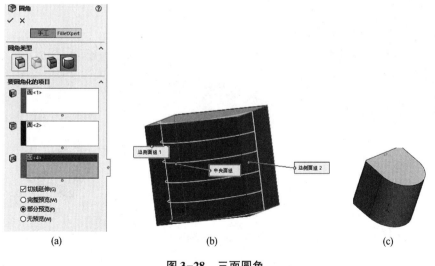

图 3-28 三面圆角

(5)单击"特征"栏"圆角" 中"下三角"符号中的"倒角"选项,然后单击 图标,选择长方体的一边,最后单击✓按钮,如图3-29所示。

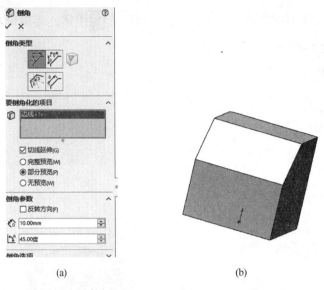

图 3-29 倒角

（6）单击"特征"栏"圆角" 中"下三角"符号中的"倒角"选项，然后单击 图标，选择长方体的一点，最后单击 ✓ 按钮，如图 3-30 所示。

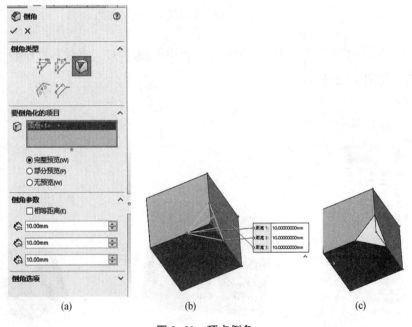

图 3-30 顶点倒角

（7）单击"特征"栏"圆角" 中"下三角"符号中的"倒角"选项，然后单击 图标，选择长方体的一边，最后单击 ✓ 按钮，如图 3-31 所示。

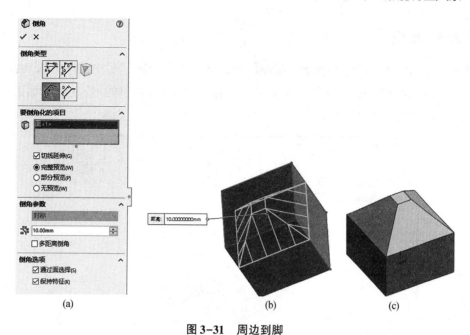

图 3-31 周边到脚

(8)单击"特征"栏"圆角" 中"下三角"符号中的"倒角"选项,然后单击 图标,选择长方体的一边,最后单击✔按钮,如图 3-32 所示。

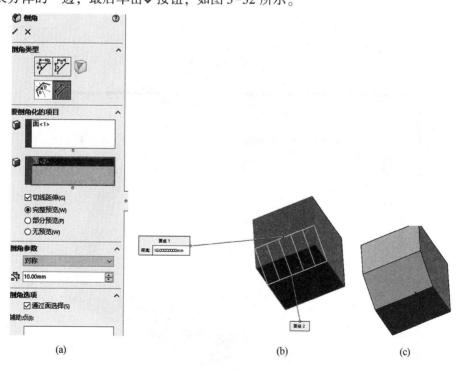

图 3-32 边长倒角

3.3.3 拔模

从任一平面进入草图绘制面板，绘制圆形，然后单击"特征"栏中的"拉伸凸台/基体"图标。接着在属性框中设置拉伸要求或者直接拖动箭头进行拉伸，绘制图形如图 3-33，对图形进行拉伸如图 3-34 所示。

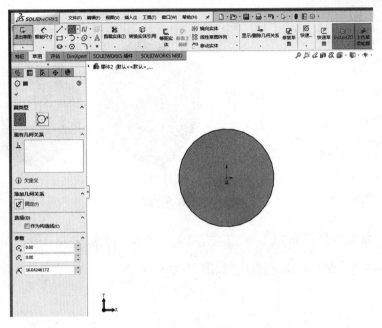

图 3-33 绘制圆形

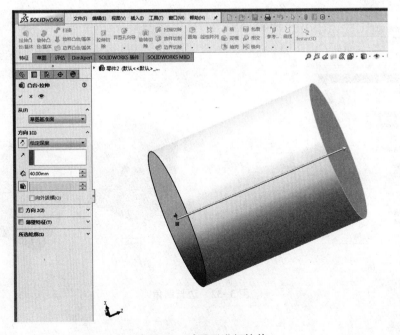

图 3-34 对图形进行拉伸

接下来对拉伸体进行拔模。拔模实际是把模型削尖,被削尖的面称为拔模面,被削尖的角度称为拔模角度,中性面为不变的面,且是拔模的参考面。选择拉伸体,单击"特征"栏中的"拔模"图标,在属性框中设置拔模角度,选择中性面和拔模方向,如图 3-35 所示。

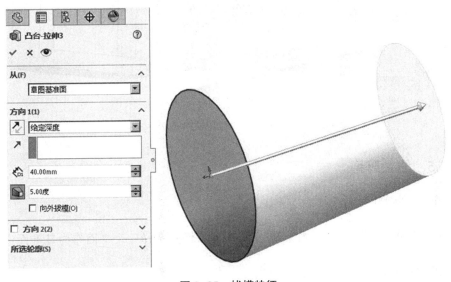

图 3-35 拔模特征

3.3.4 抽壳

新建零件,利用拉伸命令拉伸一个凸台,建立一个模型。

第一种方法:先选择两个基准面 1、2,然后单击"特征"栏中的"抽壳"图标,填入参数后进行抽壳,如图 3-36 所示。

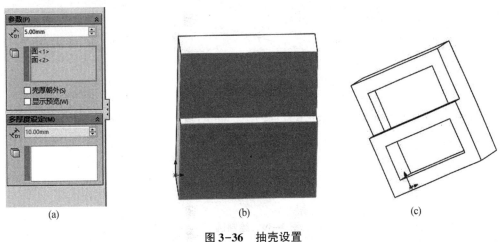

图 3-36 抽壳设置

第二种方法:选择基准面 1、2、3,填入所要抽壳的壳体厚度,然后进行抽壳,如图 3-37 所示,这种方法抽出的是敞开型壳体。

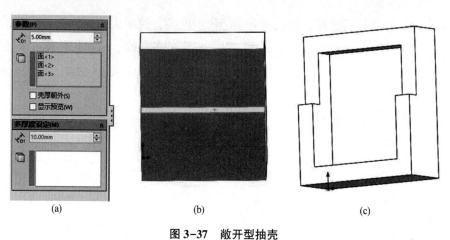

图 3-37 敞开型抽壳

3.3.5 线性阵列

以线性阵列圆柱为例，基本步骤如下。

(1) 单击"草图"栏中的"草图绘制"图标，任意选择一个平面作为基准面进行草图绘制，如图 3-38 所示。

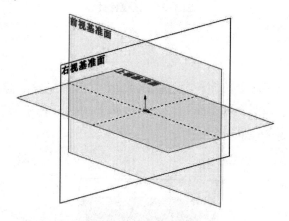

图 3-38 选择基准面

(2) 单击"圆" ⊙ 图标，绘制一个直径为 10 mm 的圆，如图 3-39 所示。

图 3-39 绘制圆形

(3) 单击"拉伸凸台/基体"图标，对步骤 (2) 所画的圆进行拉伸，设置拉伸厚度为 5 mm，如图 3-40 所示。

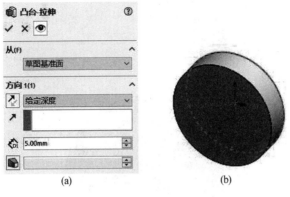

图 3-40 拉伸

(4)单击"线性阵列" 线性阵列图标,对圆柱进行线性阵列,方向选择圆柱的任意一个底面,设置距离为 5.00 mm(这个距离为同一面的偏移距离,这个命令就好比是二维绘图软件中的偏移命令,只是这里偏移的是三维图形),设置个数为 2,勾选"实体",参数设置如图 3-41 所示,勾选实体如图 3-42 所示。

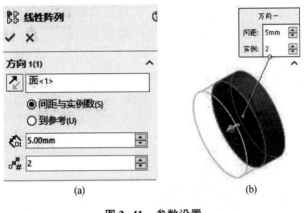

图 3-41 参数设置

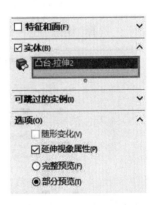

图 3-42 勾选实体

(5)阵列完成后的图形如图 3-43 所示。

图 3-43 阵列完成

3.3.6　圆周阵列

以圆周阵列孔为例，基本步骤如下。

（1）打孔如图 3-44 所示。

图 3-44　打孔

（2）单击"圆周阵列" 阵列(圆周) 图标，对孔进行圆周阵列。方向选择圆柱的任意一个底面的边线，勾选"等间距"单选按钮，设置度数为"360.00 度"，设置个数为"6"，勾选"特征和面"，选择"切除-拉伸 1"选项，也就是选择"孔"，如图 3-45 所示。

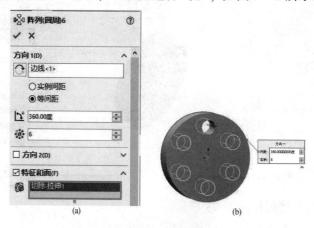

图 3-45　参数设置

（3）阵列后的图形如图 3-46 所示。

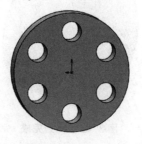

图 3-46　阵列完成

3.3.7 镜向

以镜向图柱为例,基本步骤如下。

(1)单击"镜像" 镜向 图标,对图形进行镜像。镜像面选择圆柱的一个底面,特征选择"凸台-拉伸1"选项,参数设置如图3-47所示,镜像预览如图3-48所示。

图3-47 参数设置

图3-48 镜像预览

(2)镜像后的图形如图3-49所示。

图3-49 镜像完成

第4章 活塞建模

4.1 活塞概述

4.1.1 活塞的功用及工作条件

活塞的主要功用是承受燃烧气体的压力,并将此压力通过活塞销传递给连杆以推动曲轴旋转。此外,活塞顶部与气缸盖、气缸壁共同组成燃烧室。活塞是发动机中工作条件最严苛的零件。作用在活塞上的有压力和往复惯性力,都是周期性变化的,且其最大值很大。这样大的机械负荷作用在形状复杂的活塞上,可能引起活塞变形、活塞销座开裂、第一道环岸折断等。活塞顶与高温燃烧气体直接接触,活塞各部的温差很大。活塞在侧压力的作用下沿气缸壁面高速滑动。由于润滑条件差,导致活塞摩擦严重。因此,要求活塞应该有足够的强度和刚度,受热面小、散热好,活塞材料应具有热膨胀系数小、导热性能好、比重小、减磨性好和热强度高的特点。

4.1.2 活塞的材料

现代汽车发动机不论是汽油机还是柴油机都广泛采用铝合金活塞,只有在极少数汽车发动机上采用铸铁或耐热钢活塞。铝合金的优点是密度小(约为铸铁的1/3),导热性好(其导热系数为铸铁的3~4倍),但其热膨胀系数大,可通过结构设计和调整材料配方等措施弥补这一缺陷。

4.1.3 活塞的构造

活塞由顶部、头部和裙部三部分构成。
活塞顶部的形状与燃烧室的形状和压缩比的大小有关。平顶活塞,其优点是受热面积小、加工简单。凹顶活塞，可以通过改变活塞顶部上凹坑的尺寸，来调整发动机的压缩比。凸顶活塞，多应用于在不改动气缸盖结构的情况下增大压缩比的情况。

活塞顶至油环槽下端面之间的部分称为活塞头部。活塞头部普遍采用三环短活塞，三环是指上气环、下气环和油环。

活塞头部以下的部分为活塞裙部，其形状应该保证活塞在气缸内有良好的导向。气缸和活塞之间在任何工况下都应保持均匀、适宜的间隙。

4.1.4 活塞的表面处理

根据不同的使用目的，应进行不同的活塞表面处理，其方法如下。

（1）活塞顶进行硬模阳极氧化处理，形成高硬度的耐热层，以增大热阻，减少活塞顶部的吸收热量。

（2）活塞裙部镀锡或镀锌，以避免在润滑不良的情况下出现拉伸现象，同时起到加速活塞和气缸磨合的作用。

（3）在活塞裙部涂覆石墨，石墨涂层可以加速磨合过程，可使裙部磨损均匀，在润滑不良的情况下可以避免拉缸。

4.2 活塞建模步骤

活塞及活塞环的建模参数如表4-1所示。

表4-1 活塞及活塞环的建模参数

名称	数据	名称	数据
高度	120 mm	直径	92 mm
壁厚	6 mm	旋转角度	360°
活塞环槽深度	3 mm	活塞环槽宽度	5 mm
活塞环槽数	3	油环槽内泄油孔直径	2 mm
油环槽内泄油孔数	8	凹顶深度	6 mm
活塞销座直径（内孔直径）	28 mm（22 mm）	活塞销座孔偏心	2 mm
活塞销座孔圆心与底面距离	60 mm	拔模角度	2°
底部倒角	45°	底部倒角长度	2 mm
活塞环直径	94 mm	活塞环厚度	3.6 mm
活塞环宽度	2.8 mm	活塞环端隙	5.2 mm

活塞建模的操作步骤如下。

（1）双击SolidWorks图标进入工作界面，在菜单栏单击"新建"图标或者按<Ctrl+N>键，选择"零件"图标,再单击"确定"按钮,进入 SolidWorks 零件设计界面。在设计树中选择"前视基准面"选项,在弹出的对话框中,单击"正视于"图标,以前视基准面为参考平面,然后单击"草图"栏中的"草图绘制"图标,即可进入草图绘制界面,如图 4-1 所示。

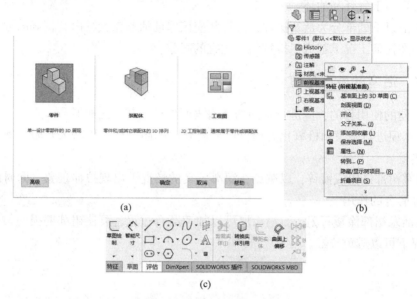

图 4-1 进入草图绘制界面

(2)绘制轮廓线。单击"直线"图标,画出水平中心线和垂直中心线,然后画出活塞半剖面轮廓线,如图 4-2 所示。单击"智能尺寸"图标,定义半径为 40 mm,活塞厚度为 6 mm,凹坑深为 20 mm,活塞高度为 100 mm 等。凹坑的半径为 40 mm+6 mm-20 mm=26 mm,如图 4-3 所示。

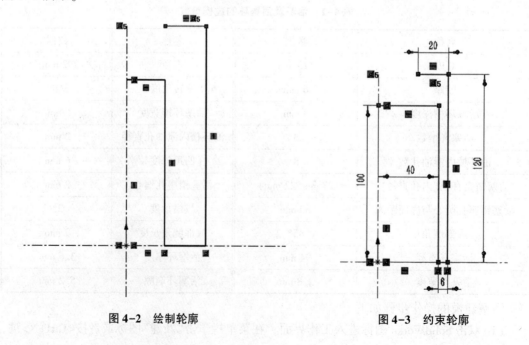

图 4-2 绘制轮廓　　　　　　图 4-3 约束轮廓

(3)单击"点"■图标,选择适当的5个点,再单击"智能尺寸"图标,给5个点定义尺寸。单击"样条曲线"∿图标,画出活塞顶部凹坑剖面的5个点的连线。单击"显示/删除几何关系"图标中的"下三角"符号,选择"添加几何关系"选项。在所选实体中选择"样条曲线1"和"直线7"选项,在添加几何关系栏中选择"相切",单击"确定"按钮,退出草图绘制环境,至此已经完成活塞轮廓曲线的绘制,如图4-4所示。

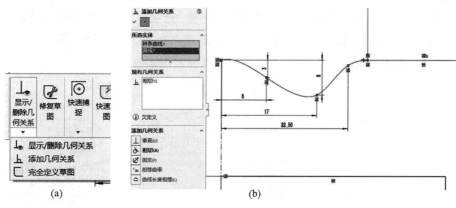

图4-4 轮廓曲线

(4)用旋转特征生成活塞实体。单击"特征"栏中的"旋转凸台/基体"图标,弹出"旋转凸台/基体"对话框。在工作区中选择垂直中心线直线1作为旋转体的旋转轴,在"方向"选项组中设置旋转类型为"给定深度",方向角度为"360.00度",在所选轮廓栏中以草图3作为轮廓,如图4-5所示。预览无误后单击"确定"按钮,返回主界面,完成旋转特征生成实体,旋转体如图4-6所示。

图4-5 定义旋转体

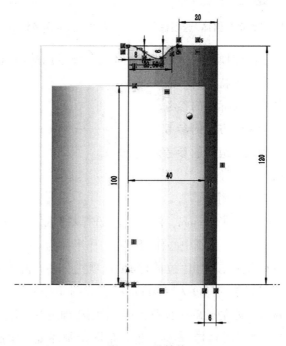

图4-6 旋转体

旋转的类型及注意事项如下。

旋转特征有3种形式：实体、曲面和薄板特征。对于初次生成的旋转实体来说，截面必须是全封闭的，而对于曲面和薄板特征来说，截面可以是开放的。曲面和薄板一般可以互换，只是壁厚不同。

（5）制作活塞环槽。单击上视图，选择"正视于"选项，以上视基准面为参考面。单击"特征"栏中的"参考几何体"图标，弹出"参考几何体"选项栏，选择"基准面"选项，如图4-7所示。在基准面的属性框中选择"上视基准面"为第一参考面，设置偏移距离为"100.00 mm"，基准面属性框如图4-8所示，基准面如图4-9所示。

图4-7 "参考几何体"选项栏

图4-8 基准面属性框

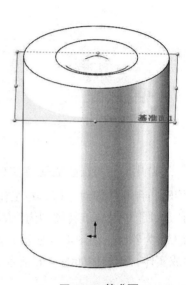
图4-9 基准面

作为三维建模过程中最常见的参考，基准面的用途如下。

①作为放置特征的平面。

②作为尺寸标注的参考。

③作为视角方向的参考。

④作为定义组件的参考。

⑤放置标签注释。

⑥产生剖视图。

（6）活塞环槽宽5 mm，深3 mm，选择基准面1"正视于"选项。单击"草图"栏中的"圆"图标，以草图的上视图中心作为圆心，作半径为43 mm和46 mm的圆。单击"特征"栏中的"拉伸切除"图标，弹出"拉伸切除"选项栏，在方向1中的终止条件给定深度，选择Y轴正方向，设置给定深度为"5.00 mm"，如图4-10所示。在工作区中选择两圆所围成的圆环作为拉伸切除的轮廓，预览无误后单击"确定"按钮。或者，直接选择以前视基准面为参考面，单击"草图绘制"图标，进入草图绘制环境。绘制活塞槽的轮廓线，单击"确定"按钮，退出草图绘制环境。单击"特征"栏中的"旋转切除"图标，在工作区选择中心线作为旋转轴，方向1中设置旋转类型为给定深度，方向1角度属性框中设置为"360.00度"。在工作区中选择活塞槽的轮廓线作为所选轮廓。预览无误后单击"确定"按钮。至此，完成第一道环槽的绘制。

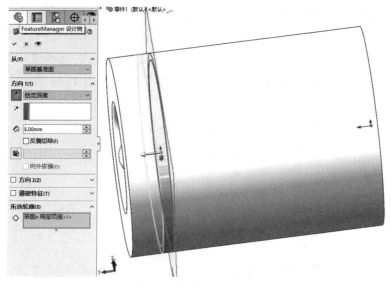

图4-10 第一道环槽

（7）单击"特征"栏中的"线性阵列" 图标，对活塞环槽进行线性阵列特征设置，在方向1栏中选中"面<1>"，即活塞裙部为阵列方向，设置间距为"7.00 mm"，实例数为"3"，在工作区选中"切除-拉伸1"为特征，预览无误后单击"确定"按钮。至此，便完成了对活塞环槽的绘制，如图4-11所示。

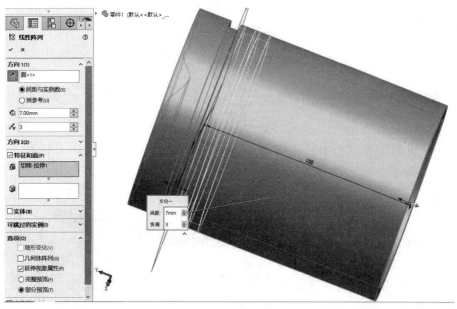

图4-11 定义线性阵列

(8)选择前视基准面,弹出前视基准面设置栏,选择"正视于"选项。打开草图,在第三道环槽绘制油环槽孔,槽孔半径为 1 mm,如图 4-12 所示。单击"特征"栏中的"拉伸切除"图标,弹出拉伸切除设置栏,在设置栏的终止条件中选中"完全贯穿-两者"选项,选择所要拉伸切除的草图,预览无误后,单击"确定"按钮,如图 4-13 所示。再右击"特征"栏中的"线性阵列"图标,弹出阵列选项栏,选择圆周阵列,进入圆周阵列设置环境,选择第三环槽为阵列轴,设置角度为"360.00度",设置实例数为"8",选择要阵列的特征,在工作区选择槽孔为阵列对象,预览无误后单击"确定"按钮,如图 4-14 所示。

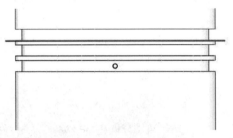

图 4-12 画槽孔

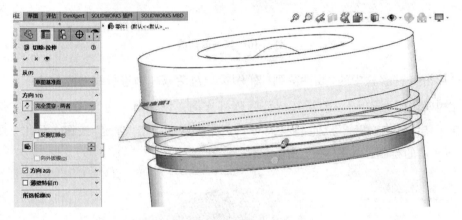

图 4-13 切除拉伸定义

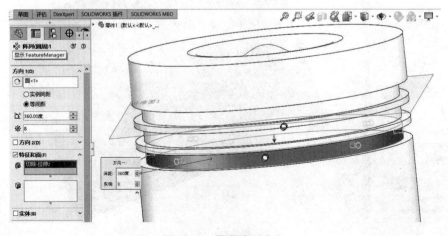

图 4-14 圆周阵列定义

阵列操作在零件设计中比较重要，是一种快速且容易用来复制多个特征的方式，它能够在很大程度上提高操作者的工作效率。在进行零件设计时，有时需要产生多个相同或相似的特征，且特征分布的相对位置具有一定的规律性。例如，在底座上要产生许多个相同的螺栓孔，为了减少操作步骤、节约时间、提高效率，就需要一次性复制这些相同的特征。

阵列是创建一个特征的多个单元，通过改变或者复制特征的一个或多个参数尺寸的方法得到。在创建阵列时，通过改变某些指定尺寸，可创建选定特征的复制特征。除了描述阵列特征放置的阵列尺寸外，阵列的每个特征都与阵列原特征相同。

线性阵列是以选择的实体特征为样本，按照指定的方向和距离以线段（线性或圆形边线、平面或圆柱面、线条、轴或基准面）重复应用生成造型。线性阵列有第一和第二两个方向，可以随意地按照线段轨迹进行阵列。"实例"是包括阵列对象在内的总数量。

圆周阵列将选择对象绕参考元素按圆周排列的方式进行复制和排列。

（9）绘制活塞销座部分。创建基准平面，选择前视基准面。单击"特征"栏"参考几何体"图标中的"下三角"符号，选择"基准面"选项，弹出基准面设置栏。选择"前视基准面"为第一参考平面，设置偏移距离为"15.00 mm"，单击"确定"按钮，如图4-15所示。单击"草图绘制"图标，进入草图绘制环境，右击"直线"图标，弹出直线选择项，选择中心线，画出垂直中心线。让垂直中心线左偏移2 mm，在偏移直线上作一点为圆心，该点距底面60 mm，设置半径为11 mm，单击"确定"按钮，退出草图绘制环境。单击"特征"栏中的"拉伸切除"图标，进入切除-拉伸特征设置栏，在方向1中选择"完全贯穿"为终止条件。单击所选轮廓设置框，在工作区选择所画圆为轮廓。预览无误后单击"确定"按钮，如图4-16所示。

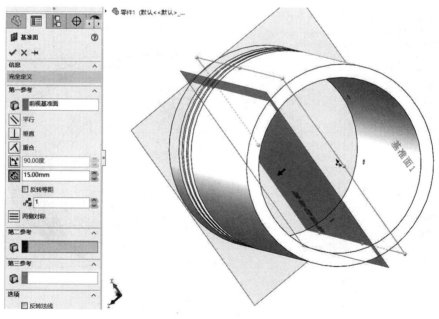

图4-15 定义基准面

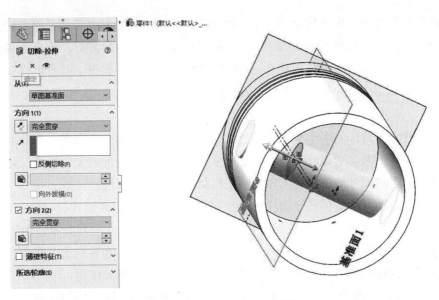

图 4-16 定义切除-拉伸

(10) 在设计树中右击基准面 2，选择"正视于"选项。单击"草图"栏中的"草图绘制"图标，进入草图绘制环境，选择"绘制圆"图标，并在圆心处画半径为 11 mm 和半径为 14 mm 的圆，退出草图绘制环境。单击"特征"栏中的"凸台拉伸"图标，弹出凸台拉伸特征设置栏，方向 1 的终止条件选择"成形到下一面"，预览无误后单击"确定"按钮，如图 4-17 所示。单击选中前视基准面，再单击"特征"栏中的"镜像"图标，弹出镜像特征设置栏，选择前视基准面为镜像面（也称为基准面），单击要镜像的特征，在工作区选择凸台拉伸为要镜像的特征，预览无误后单击"确定"按钮，如图 4-18 所示。

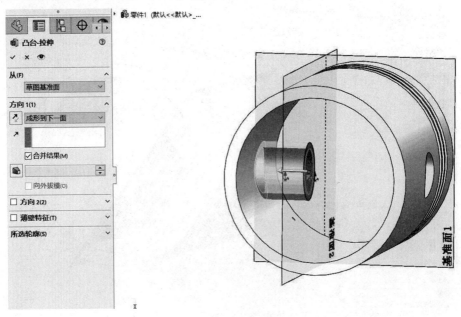

图 4-17 凸台拉伸

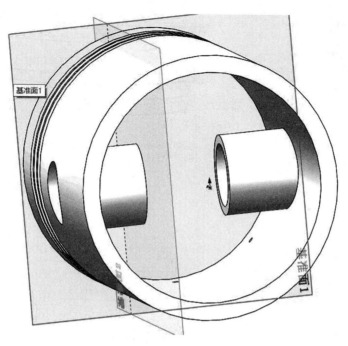

图 4-18 镜像

SolidWorks 中拉伸操作的技巧如下。

①绘出草图线，选择"拉伸凸台"选项，直接指定拉伸长度即可拉伸出草图形状的实体，还可选择拔模角度从而拉伸成锥体特征，或者改变拔模的方向生成反方向的锥体。

②选择方向 2 可以生成另一端的特征，同样可以拉伸成草图形状或者拉伸成锥体。方向 1 和方向 2 的特征可以相同，也可以不同。

③选择薄壁特征可以生成套类特征，可以选择单向、双向、两侧对称三种薄壁方式。选择顶端加盖会产生一个封闭的空心体。选择单向时可直接设置壁厚尺寸。

④采用拉伸切除命令，可以对原来的实体进行切除，同样可以选择拔模、薄壁特征，生成不同的特征体。

拉伸是实体建模中使用最多的功能，我们要了解各个选项的功能，才能掌握更多的设计技巧。

镜像是实体对象相对于基准平面产生的镜像特征，使用该放置方法时，必须指定一个基准平面作为镜像参照。使用此工具将简单零件镜像到较为复杂的零件中可以节省时间。

(11) 对裙部进行拔模处理。单击"特征"栏中的"拔模"图标，进入拔模设置环境。单击中性面设置框，在工作区中选择活塞裙部顶端表面为中性面，设置拔模的角度为"2.00 度"。单击拔模面设置框，在工作区选择活塞裙部外表面为拔模面，定义拔模方向朝向裙部。预览无误后单击"确定"按钮，如图 4-19 所示。

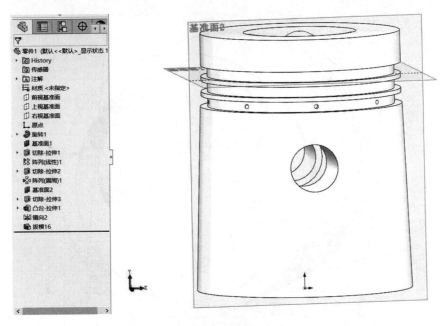

图 4-19 活塞模型

(12)单击"保存"按钮,完成活塞模型的绘制。

4.3 活塞环概述

4.3.1 活塞环的功用及工作条件

活塞环分为气环和油环两种。

气环的主要功用是密封和传热,即保证活塞与气缸壁间的密封,防止气缸内的可燃混合气和高温燃气漏入曲轴箱;将活塞顶部接收的热传给气缸壁,避免活塞过热。如果密封不良,不但可能导致发动机启动困难,功率下降,燃油和机油的消耗量增加,机油老化变质,还由于活塞环外圆面与气缸壁贴合不严密,导致活塞顶部接收的热传不出去,从而使活塞及活塞环温度过高,甚至被烧坏。

油环的主要功用是刮除飞溅到气缸壁上多余的机油,并在气缸壁上涂抹一层均匀的油膜,既能防止机油窜入燃烧室被烧掉,又能实现对活塞、活塞环和气缸壁的润滑。

此外,气环和油环还分别起到刮油和密封的辅助作用。

活塞环工作时受到气缸中高温、高压燃气的作用,并在润滑不良的情况下在气缸内高速滑动。气缸壁面的形状误差使活塞环在上下滑动的同时还在环槽内产生径向移动,这不仅加速了活塞环与环槽的磨损,还使活塞环受到交变弯曲应力的作用而容易折断。

4.3.2 活塞环的材料及表面处理

根据活塞环的功用及工作条件,制造活塞环的材料应具有良好的耐磨性、导热性、耐热性、冲击韧性、弹性和足够的机械强度。目前,广泛应用的活塞环材料有优质灰铸铁、球墨铸铁、合金铸铁和钢带等。

第一道活塞环外圆面通常进行镀铬或喷钼处理。多孔性铬层硬度高,并能储存少量机油,可以改善润滑,减轻磨损。由于钼的熔点高,也具有多孔性,因此喷钼同样可以提高活塞环的耐磨性。

其他各道活塞环大都采用镀锡或磷化处理,以改善其磨合性。但是,钢带连接油环的上下刮片,其外圆面均进行多孔性镀铬。

4.4 活塞环建模步骤

活塞环的建模操作步骤如下。

(1)分析尺寸:活塞环的直径为 94 mm,厚度为 3.6 mm,宽度为 2.8 mm,端隙为 5.2 mm。

(2)打开 SolidWorks 进入工作界面,单击"草图"栏中的"绘制草图"图标,进入草图绘制环境。选择"圆"图标,画出直径为 88.4 mm 和 94 mm 的两个圆,形成圆环,对所画圆环进行剪裁,单击"直线"图标将缺口连接起来,单击"确定"按钮,退出草图绘制环境,如图 4-20 所示。

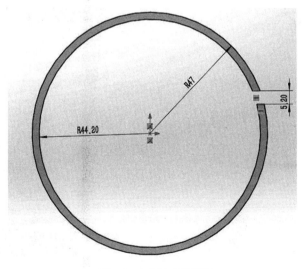

图 4-20 活塞环草图

(3)单击"特征"栏中的"拉伸凸台/基体"选项,进入拉伸凸台/基体设置环境。终止条件设置为"给定深度",设置深度为"3.60 mm",单击所选轮廓,在工作区中选择圆环为特征轮廓,预览无误后单击"确定"按钮,如图4-21所示。至此,气环就绘制完成了。将此活塞环文件另存到新文件夹中。

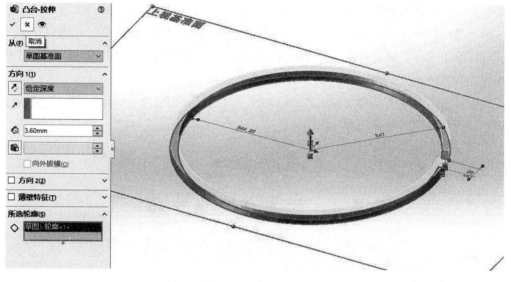

图4-21 活塞环拉伸

(4)绘制活塞环油孔。在设计树中右击前视基准面,选择正视于前视基准面。打开草图绘制界面,单击"圆"图标,以气环的水平中心线的中点作为圆心画一个圆,使它作为活塞环油孔,设置圆的半径为"1.00 mm",单击"确定"按钮,退出草图绘制环境,如图4-22所示。

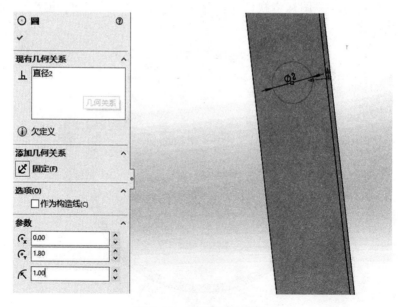

图4-22 绘制活塞环油孔

(5)单击"特征"栏中的"拉伸切除"图标,弹出拉伸切除设置环境,在方向1中选择"完全贯穿-两者"为终止条件,设置"拉伸方向(垂直于轮廓:草图2)",单击所选轮廓,在工作区选择所绘草图圆作为轮廓。预览无误后单击"确定"按钮,如图4-23所示。

图 4-23 切除槽孔

(6)单击"特征"栏中"线性阵列"中的"下三角"符号,选择"圆周阵列"图标,弹出圆周阵列设置环境。定义圆周阵列,选择圆环外表面为阵列轴,单击"等间距"单选按钮,设置角度为"360.00度",实例数设为"8",预览无误后单击"确定"按钮,退出圆周阵列设置环境,如图4-24所示。

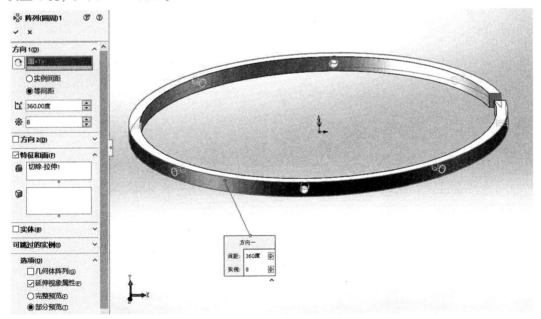

图 4-24 油孔阵列

(7)保存文件。单击"保存"按钮,完成操作。至此,油环绘制完成,如图4-25所示。

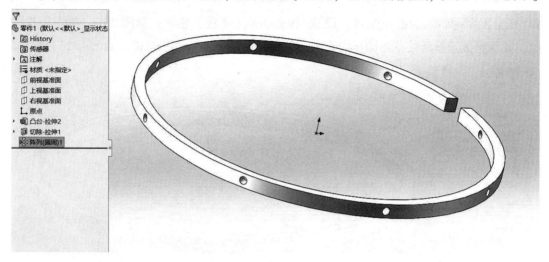

图 4-25　油环

第5章 连杆建模

5.1 活塞连杆概述

活塞连杆将活塞的往复运动转变为曲轴的旋转运动,同时将作用于活塞上的压力转变为曲轴对外输出转矩,以驱动汽车车轮转动,它是发动机的传动件。活塞连杆组主要由活塞、活塞环、活塞销、连杆和连杆轴瓦等组成。

5.1.1 连杆组

连杆组的组成:连杆体、连杆大头盖、连杆小头衬套、连杆大头轴瓦和连杆螺栓(或螺钉)等。

在传统连杆加工工艺中,连杆材料一般采用45钢、40Cr或40MnB等调质钢,硬度较高,而新型连杆材料有C70S6高碳微合金非调质钢、SPLITASCO系列锻钢、FRACTIM锻钢和S53CV-FS锻钢等(以上均为德国DIN标准)。合金钢虽具有很高的强度,但对应力集中很敏感。所以,在连杆外形、过渡圆角等方面需严格要求,在连杆加工时,还应注意表面加工质量,以提高疲劳强度,否则高强度合金钢的应用并不能达到预期效果。

连杆组承受活塞销传来的气体作用力及本身摆动和活塞连杆组往复惯性力的作用,这些力的大小和方向都是周期性变化的。因此,连杆受到压缩、拉伸等交变载荷作用。连杆必须有足够的疲劳强度和结构刚度。疲劳强度不足,往往会造成连杆体或连杆螺栓断裂,进而发生使整机破坏的重大事故。若刚度不足,则会造成杆体弯曲变形和连杆大头的失圆变形,导致活塞、气缸、轴承和曲柄销等的偏磨。

5.1.2 活塞环与活塞及活塞与连杆的安装方法

活塞和连杆的结合需要用到活塞销,让活塞销把活塞(小头)与连杆连接起来。把活塞环安装在活塞上的方法是用安装活塞环的专用卡具(用薄铁皮制作的工具),将活塞环箍紧至和缸套内直径同样大(箍紧前将活塞环的开口间隙调整合适,调整好相邻环两个开口的相距角度,一般相互间隔的角度是120°),然后轻轻地推入缸套中(为了便于进入,临时在活塞环处涂些机油润滑)。

5.2 连杆建模步骤

连杆建模参数如表5-1所示。

表5-1 连杆建模参数

名称	数据	备注
连杆小头直径	内径10 mm,外径40 mm	
连杆大头直径	内径50 mm,外径58 mm	
连杆大头、小头中心距	163 mm	
杆身距中心线角度	3°	
杆身大头端距中心线距离	17 mm	
杆身向内偏移	4.018 mm	
杆身厚度	12 mm	
连杆螺栓孔直径	4 mm	两连杆螺栓孔对称

连杆建模步骤如下。

(1)画一个长120 mm,宽21 mm的矩形,如图5-1所示。

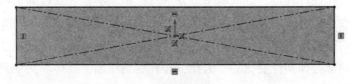

图5-1 矩形

(2)选择"点圆弧"→"3点圆弧"选项,画一个直径为40 mm的圆。先单击矩形右边两个角的两个顶点,再将鼠标右移,在工作界面单击,最后设置圆的半径为"20.00 mm",如图5-2所示。

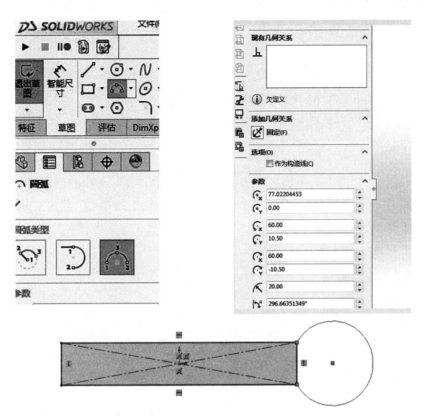

图 5-2 菜单及图形

（3）选择"剪裁实体"→"剪裁到最近端"选项，删除长方形左端的宽，如图 5-3 所示。

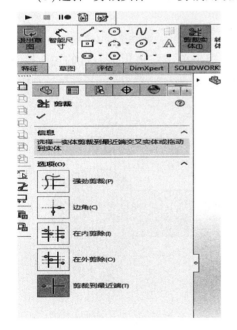
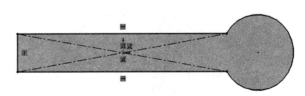

图 5-3 剪裁

(4)选择"直线"→"中心线"选项,绘制一条过圆心及矩形中心的中心线,如图 5-4 所示。

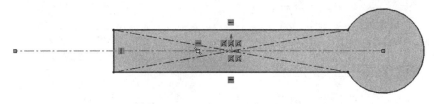

图 5-4 绘制中心线

(5)选择"中心矩形"选项,绘制一个中心点在中心线上的矩形,且左边矩形的宽与中间矩形的宽重合,如图 5-5 所示。

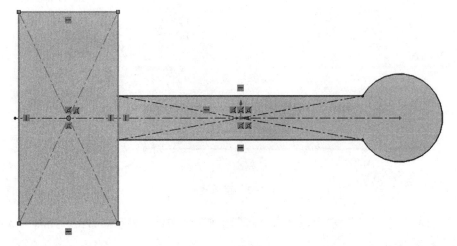

图 5-5 绘制矩形

(6)右击选中中间矩形左边的宽,然后按住<Ctrl>键再单击左边矩形右边的边,接着选择左边"添加几何关系"中的"固定"选项,如图 5-6 所示。

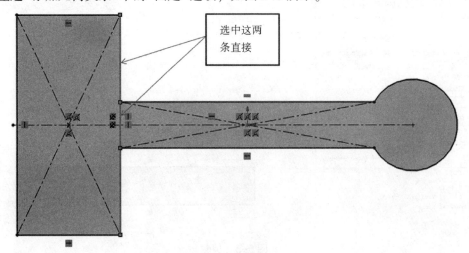

图 5-6 添加几何关系

(7)分别双击左边矩形的长和宽,将参数分别修改为"26.00 mm"和"74.00 mm",如图 5-7 所示。

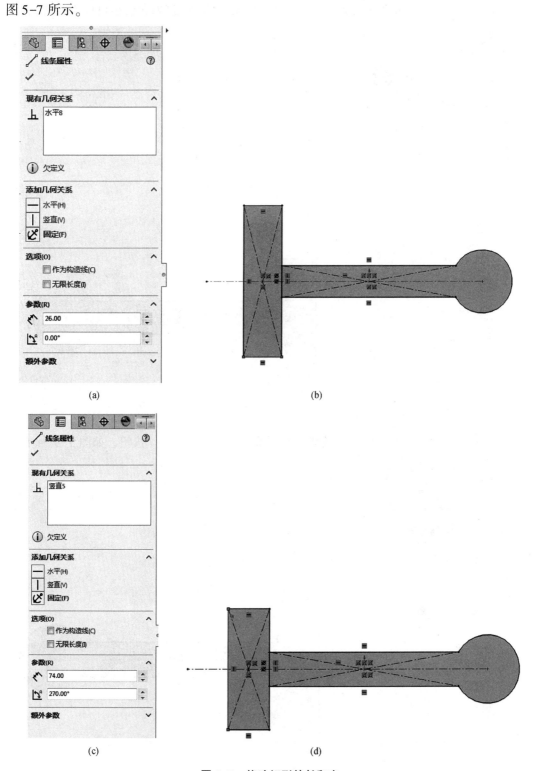

图 5-7　修改矩形的长和宽

(8) 选择"剪裁实体"→"剪裁到最近端"选项，剪裁掉中间矩形左边宽与左边矩形右边宽相重合的部分、中间矩形的左端宽、中心线和矩形的对角线（对角线也可以不剪裁），如图 5-8 所示。

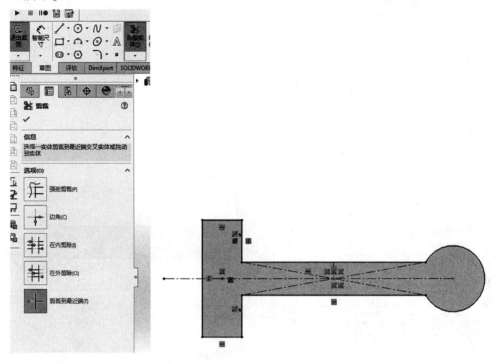

图 5-8 剪裁

(9) 选择"圆角"选项，选中要做圆角的两条边，完成后单击✓按钮，如图 5-9 所示。

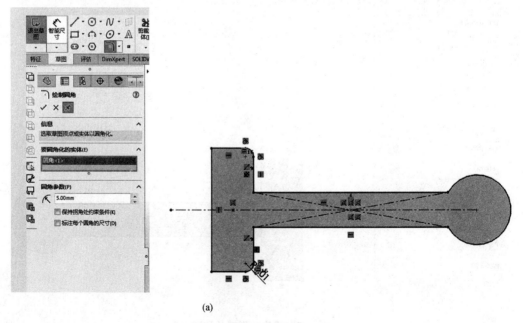

(a)

图 5-9 绘制圆角

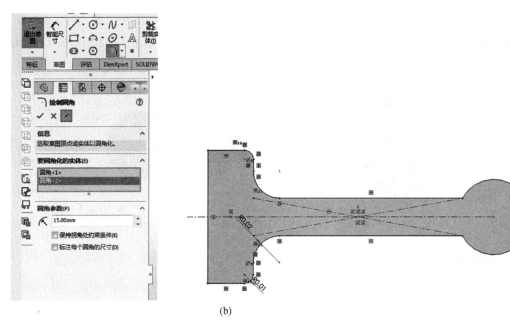

图 5-9 绘制圆角（续）

（10）右击绘制平面，选择"特征"→"拉伸凸台/基体"选项，设置拉伸为"12.00 mm"（拉伸后可对外观上色，这里上的是黄色，上色和不上色对建模没有影响），如图 5-10 所示。

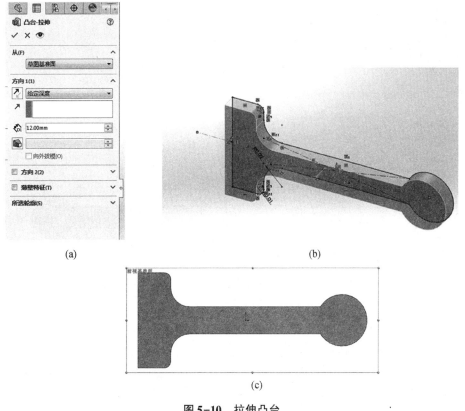

图 5-10 拉伸凸台

（11）在小头上画一个与小头半径一样大的圆且圆心重合。先单击选中平面，再单击"圆"，最后把鼠标拖至小头圆的外轮廓处，捕捉到小头圆的圆心绘制一个半径为"20.00 mm"的圆，如图 5-11 所示。

(a)

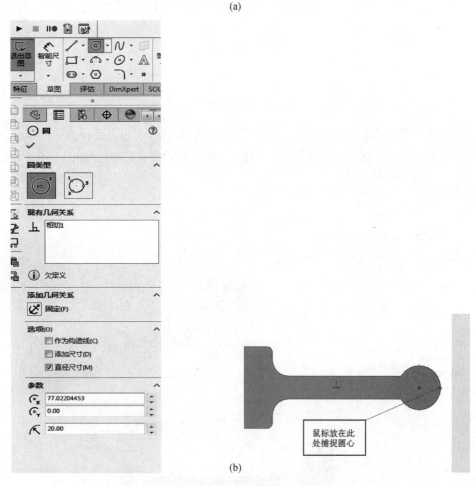

(b)

图 5-11　草图

（12）选择"特征"→"拉伸凸台/基体"选项，如图 5-12 所示。

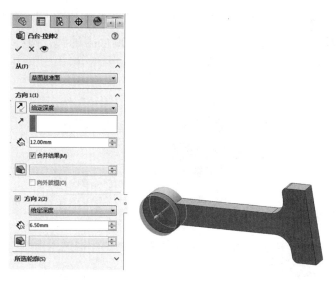

图 5-12 拉伸凸台

(13)选择"插入"→"参考几何体"→"基准面"选项,建立基准面,如图 5-13 所示。

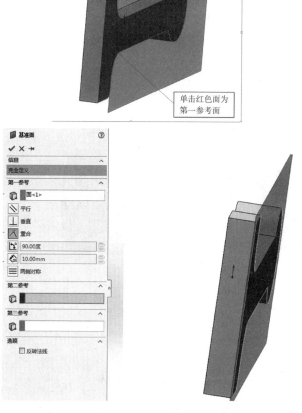

图 5-13 插入基准面

(14)单击图中的"基准面4",然后选择"草图"→"草图绘制"→"圆"→"快速捕捉"→"中心点捕捉"选项,在小头上绘制一个半径为"20.00 mm"的圆,圆心与小头圆心的半径重合。捕捉圆心的方法如图5-14所示。

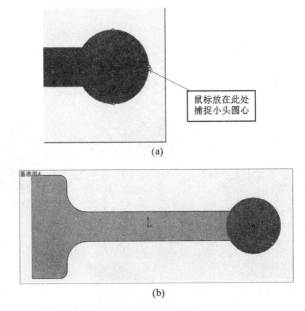

图 5-14 捕捉圆心

(15)选择"特征"→"拉伸凸台/基体"选项,设置拉伸为"6.50 mm",如图5-15所示。

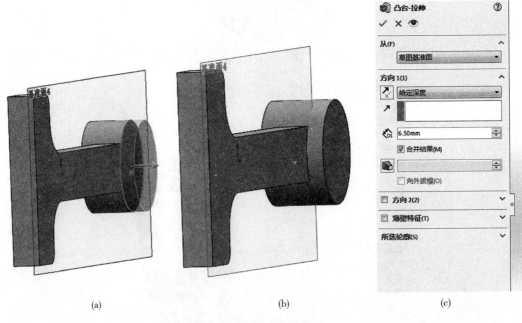

图 5-15 凸台拉伸

(16)单击蓝色小头平面,进入"草图"→"草图绘制",然后选择"快速捕捉"→"中心点捕捉"选项,找到小头圆心,绘制一个半径为"5.00 mm"的圆,如图5-16所示。

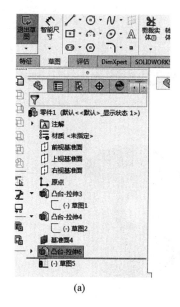

图 5-16 绘制半径为"5.00 mm"的圆

(17) 选择"特征"→"拉伸切除"选项,如图 5-17 所示。

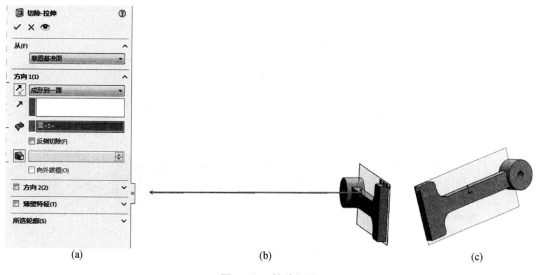

图 5-17 拉伸切除

(18) 单击蓝色的面,进入"草图"→"草图绘制",选择"直线"→"中心线"选择,绘制一条过小头圆心及坐标中心的中心线,再选择"样条曲线"→"样式曲线"选项,绘制如图 5-18(c) 所示的形状(可以先绘制一半,另一半用"镜像实体"来完成,要注意镜像点为绘制的中心线),使用"圆心/起/中点画圆弧"命令绘制一个闭合的圆弧,如图 5-18 所示。

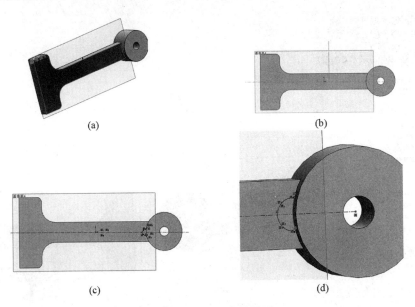

图 5-18　绘制闭合的圆弧

(19)选择"特征"→"拉伸凸台/基体"选项,如图 5-19 所示。

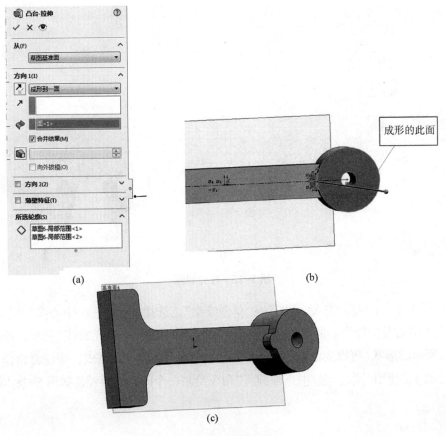

图 5-19　拉伸凸台

(20)选择"插入"→"参考几何体"→"基准面"选项,如图 5-20 所示。

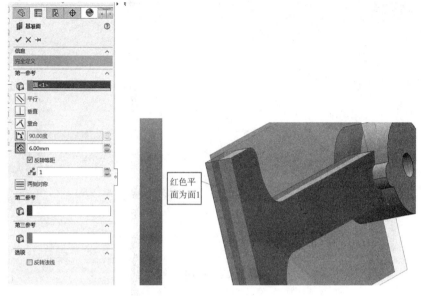

图 5-20　插入基准面

(21)单击基准面 5,选择"草图"→"草图绘制"→"圆"选项,再选择"快速捕捉"→"中点捕捉"选项,捕捉到中点。以此点为圆心绘制一个半径为"25.00 mm"的圆,再绘制一条竖直且过圆心的线段与圆弧相交,接着使用"剪裁"→"剪裁到最近端"删掉左边的半圆,最后形成一个闭合的半圆,如图 5-21 所示。

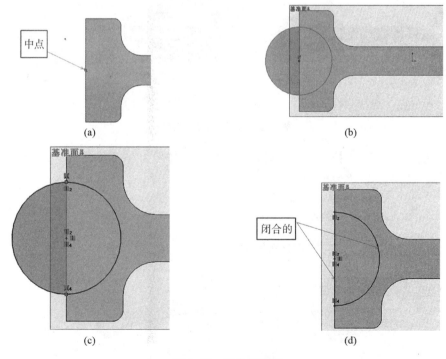

图 5-21　闭合的半圆

(22)选择"特征"→"拉伸切除"选项,如图 5-22 所示。

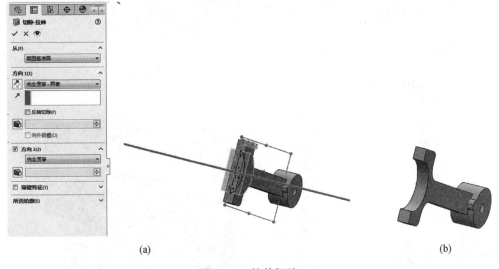

图 5-22　拉伸切除

(23)单击蓝色平面,选择"草图"→"草图绘制"→"圆"选项,绘制两个半圆,再绘制两条线段使两个半圆闭合,大圆半径为"29.00 mm",小圆半径为"25.00 mm",如图 5-23 所示。

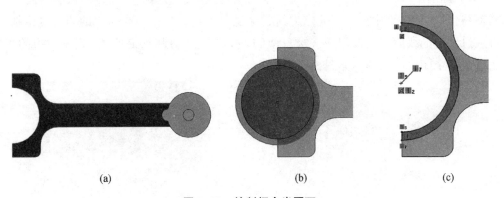

图 5-23　绘制闭合半圆环

(24)选择"特征"→"拉伸凸台/基体"选项,设置拉伸为"6.50 mm",如图 5-24 所示。

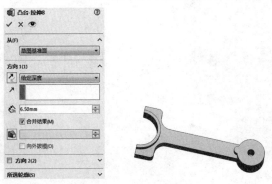

图 5-24　拉伸凸台

(25)单击蓝色平面,选择"草图"→"草图绘制"→"直线"选项,绘制一条水平线,如图 5-25(a)所示;再绘制一条水平且过坐标原点的直线段,如图 5-25(b)所示;接着使用"镜像实体"命令绘制对称的一条水平线,如图 5-25(c)所示。

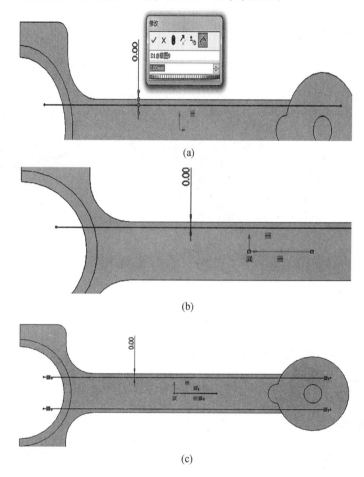

图 5-25 绘制水平线

(26)绘制闭合曲面,如图 5-26 所示。

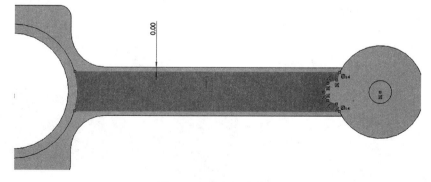

图 5-26 绘制闭合曲面

(27)选择"拉伸切除"选项,如图 5-27 所示。

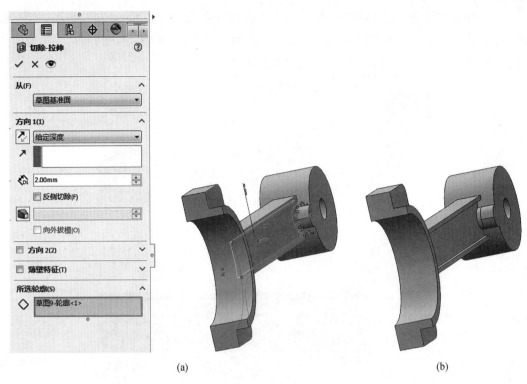

图 5-27　拉伸切除

(28) 选择"圆角"→"倒圆角"选项，如图 5-28 所示。

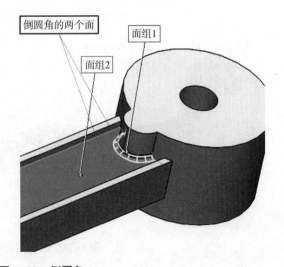

图 5-28　倒圆角

(29)单击蓝色平面,选项"草图"→"草图绘制"→"样条曲线"→"样式曲线"选项,绘制曲线如图 5-29 所示。

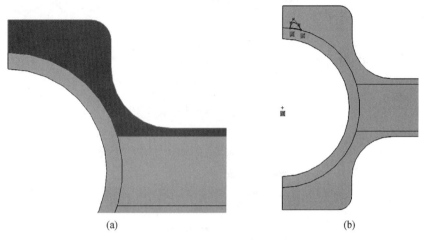

(a)　　　　　　　　　　　(b)

图 5-29　绘制曲线

(30)选择"圆"→"快速捕捉"→"中心点捕捉"选项,捕捉到大头圆心,绘制半径为"29.00 mm"的圆,即与第(29)步绘制的草图两端点相交,如图 5-30 所示。

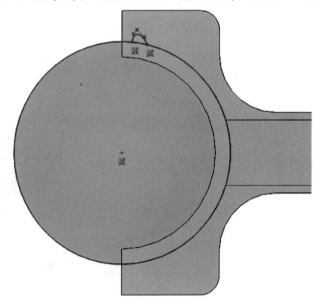

图 5-30　绘制半径为"29.00 mm"的圆

(31)选择"剪裁实体"→"剪裁到最近端"选项,剪裁出闭合曲面,如图 5-31 所示。

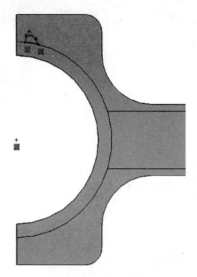

图 5-31 闭合曲面

（32）选择"特征"→"拉伸凸台/基体"选项，拉伸草图（红色平面为"面<1>"），如图 5-32 所示。

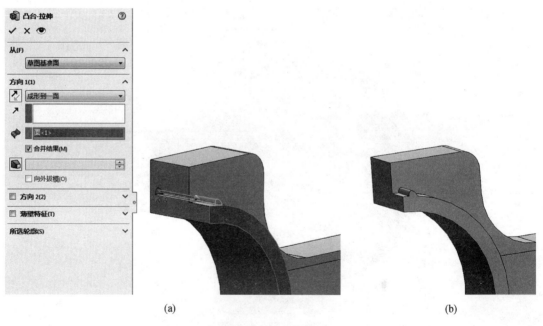

图 5-32 拉伸凸台

（33）选择"特征"→"线性阵列"→"镜像"选项，镜像面/基准面为上视基准面（选择上视基准面的方法：单击 图标，再在图中选择上视基准面），选中图中蓝色部分为镜像特征，如图 5-33 所示。

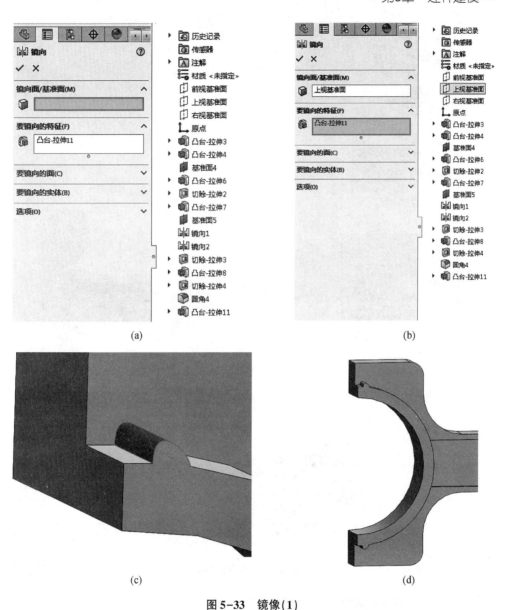

图 5-33 镜像(1)

(34)选择"特征"→"圆角"→"面圆角"选项,如图 5-34 所示。

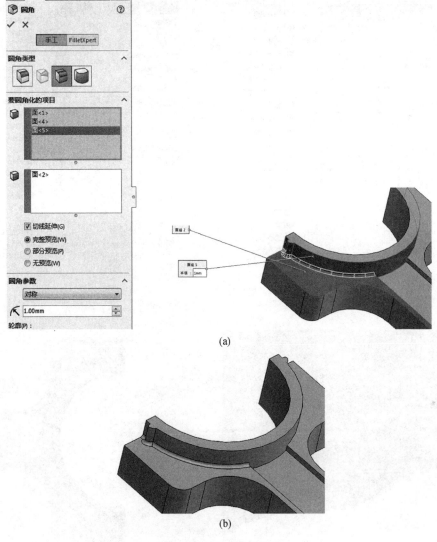

图 5-34 绘制圆角(1)

(35)用第(34)步的方法绘制圆角,如图 5-35 所示。

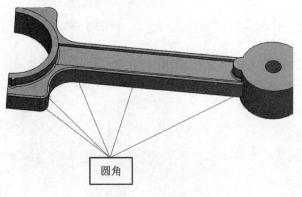

图 5-35 绘制圆角(2)

(36)用第(34)和第(35)步的方法画出另一边的圆角,如图5-36所示。

图 5-36　绘制圆角(3)

(37)选择"特征"→"线性阵列"→"镜像"选项,选中蓝色部分镜像,如图5-37所示。

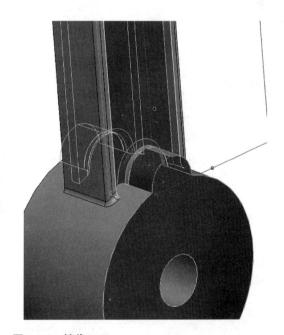

图 5-37　镜像(2)

(38)选择"特征"→"线性阵列"→"镜像"选项,选中蓝色部分镜像,如图 5-38 所示。

图 5-38 镜像(3)

(39)右击蓝色部分,选择"编辑特征"选项,在方向 2 里输入"6.50 mm",如图 5-39 所示。

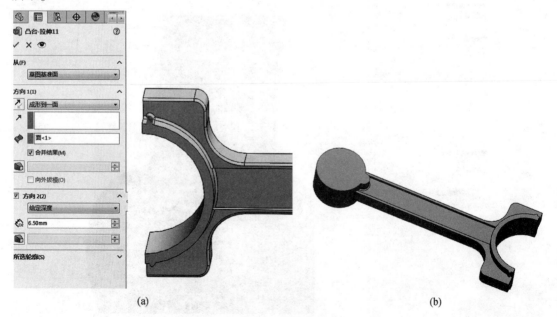

图 5-39 编辑特征

(40)绘制与背面完全相同的圆角,如图5-40所示。

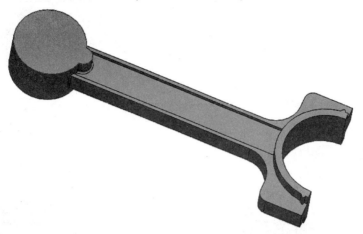

图5-40 绘制圆角(4)

(41)单击蓝色部分,选择"草图"→"草图绘制"→"圆"选项,绘制一个与孔一样大且同心的圆,再选择"特征"→"拉伸切除"选项,其中"面<1>"为红色平面,如图5-41所示。

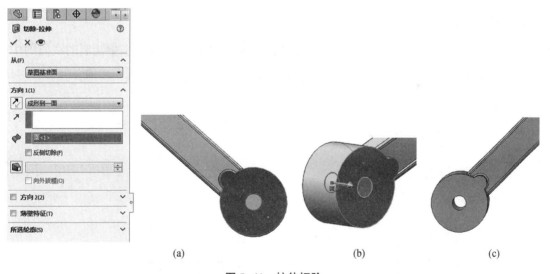

图5-41 拉伸切除

(42)单击蓝色平面,选择"草图"→"草图绘制"→"直线"→"快速捕捉"→"中点捕捉"选项,找到图中竖直线的中点,绘制一条与它垂直的直线,如图5-42所示。

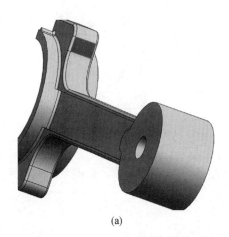

图 5-42　绘制直线段

（43）选择"圆"→"快速捕捉"→"中点捕捉"选项，捕捉到第（42）步中绘制的线段的中点，画一个半径为"2.00 mm"的圆，选择"剪裁实体"→"剪裁到最近端"选项，如图 5-43 所示。

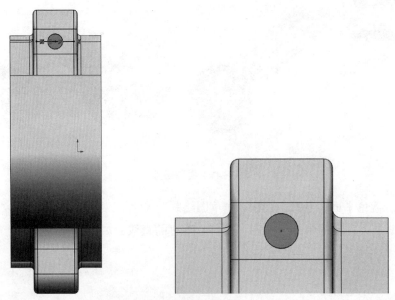

图 5-43　绘制半径为"2.00 mm"的圆

（44）选择"特征"→"拉伸切除"选项（红色面为"面<1>"），如图 5-44 所示。

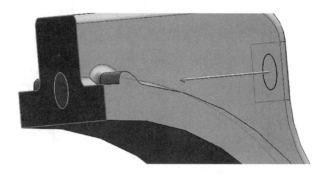

图 5-44 拉伸切除

(45)单击蓝色的面,选择"草图"→"草图绘制"选项,绘制一个与孔一样大且同心的圆,如图 5-45 所示。

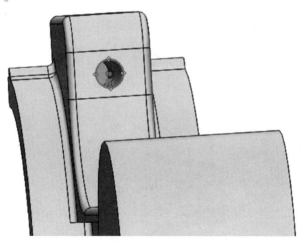

图 5-45 绘制圆

(46)选择"插入"→"曲线"→"螺旋线/涡状线"选项,如图 5-46 所示。

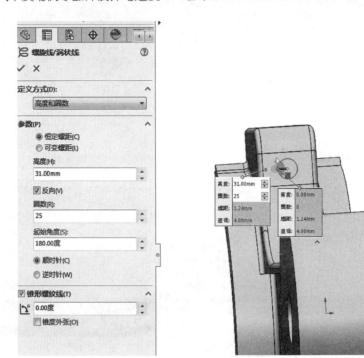

图 5-46　绘制螺旋线

（47）选择"插入"→"参考几何体"→"基准面"选项(红色的面为"面<1>"，中点为"点<1>")，如图 5-47 所示。

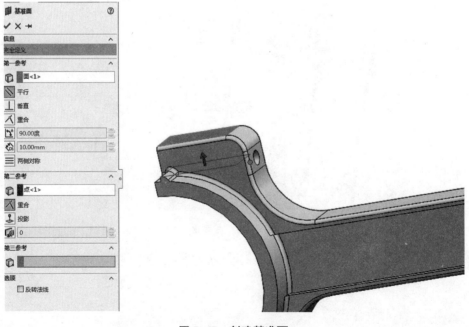

图 5-47　创建基准面

（48）单击绘制好的基准面，选择"草图"→"草图绘制"→"多边形"选项，绘制一个视角方向向下的三角形，如图 5-48 所示。

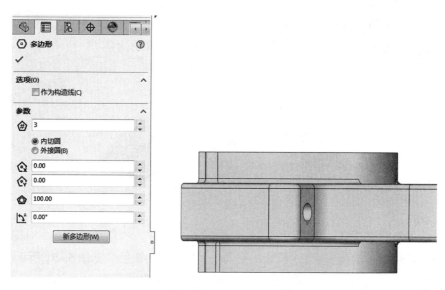

图 5-48 绘制方向向下的三角形

(49)选择"退出草图"→"特征"→"切除-扫描"选项,扫描的轮廓为三角形,路径为螺旋线,如图 5-49 所示。

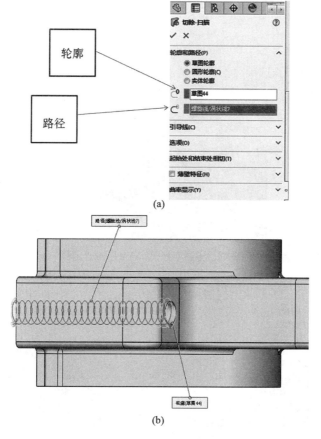

图 5-49 切除-扫描

(50)用相同的方法在另一面绘制螺纹孔(也可以使用两次镜像来完成绘制,先镜像图 5-44 的孔,再镜像图 5-49 的切除-扫描特征),如图 5-50 所示。

图 5-50　连杆

(51)以下步骤是连杆盖的绘制。单击"零件"→"草图"→"草图绘制"→"前视基准面"→"中心矩形"选项,绘制一个长为 26 mm,宽为 74 mm 的矩形,如图 5-51 所示。

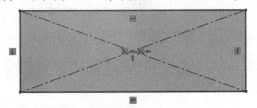

图 5-51　绘制矩形

(52)绘制一个半径为"25.00 mm"的圆,圆心在矩形右边宽的中点处。选择"圆"→"快速捕捉"→"中点捕捉"选项,然后绘制半径为 25.00 mm 的圆,如图 5-52 所示。

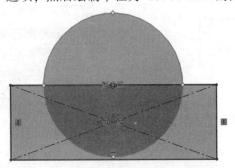

图 5-52　绘制半径为"25.00 mm"的圆

(53)选择"剪裁实体"→"剪裁到最近端"选项,如图 5-53 所示。

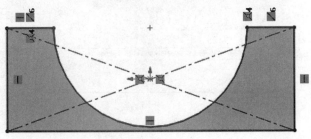

图 5-53　剪裁

(54)选择"特征"→"拉伸凸台/基体"选项,设置拉伸为"12.00 mm",如图 5-54 所示。

图 5-54 拉伸凸台

(55)选择"圆角"选项,如图 5-55 所示。

图 5-55 绘制圆角

(56)选择"前视基准面"→"草图"→"草图绘制"→"直线"选项,绘制过圆角圆心的直线段,如图 5-56 所示。

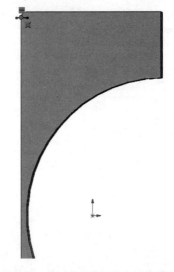

图 5-56　绘制过圆角圆心的直线段

(57)绘制长为"10.00 mm"的直线段,如图 5-57 所示。

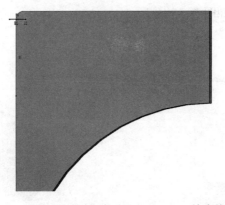

图 5-57　绘制长为"10.00 mm"的直线段

(58)选择"剪裁实体"→"剪裁到最近端"选项,如图 5-58 所示。

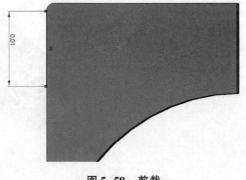

图 5-58　剪裁

(59) 单击"直线",绘制长为"5.00 mm"的直线段,如图5-59所示。

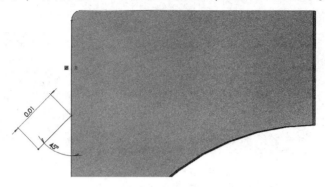

图 5-59 绘制长为"5.00 mm"的直线段

(60) 绘制一条过圆心的水平直线,选择"镜像实体"选项,要镜像的实体是长为"10.00 mm"和长为"5.00 mm"的线段,镜像点为过半圆圆心的直线,如图5-60所示。

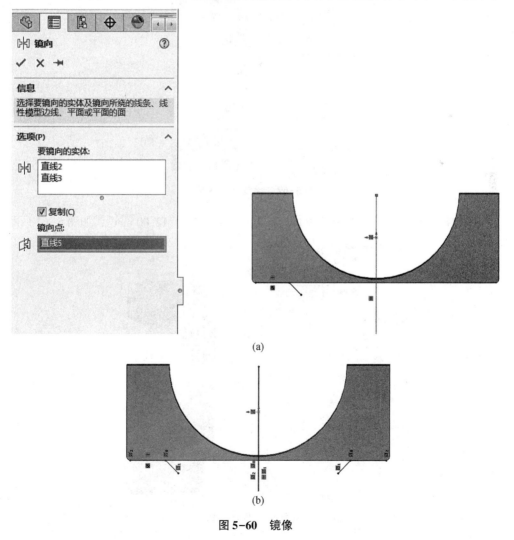

图 5-60 镜像

（61）选择"剪裁实体"→"剪裁到最近端"选项，去掉过圆心的直线段及长为"10.00 mm"的两条直线段，如图5-61所示。

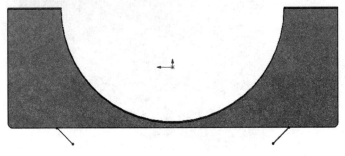

图5-61 剪裁

（62）选择"直线"选项，绘制闭合平面，如图6-62所示。

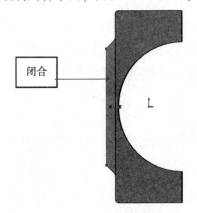

图5-62 绘制闭合平面

（63）选择"特征"→"拉伸凸台/基体"选项，设置拉伸为"12.00 mm"，如图5-63所示。

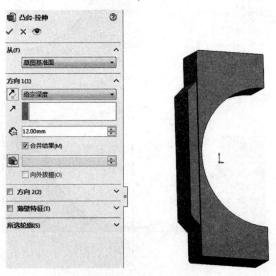

图5-63 拉伸凸台

(64)选择"特征"→"圆角"选项,如图 5-64 所示。

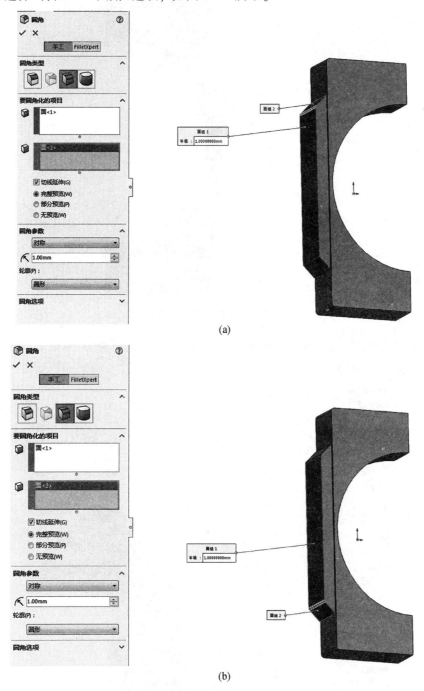

图 5-64 绘制圆角

(65)单击蓝色平面,选择"草图"→"草图绘制"→"圆"选项,绘制两个半圆环,大半圆环的半径为"29.00 mm",小半圆环的半径为"25.00 mm",半圆环都是闭合的,如图 5-65 所示。

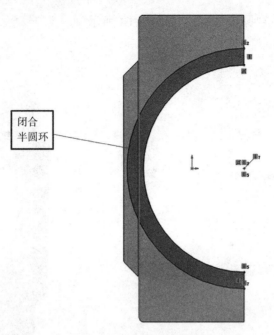

图 5-65 绘制闭合半圆环

(66)选择"特征"→"拉伸凸台/基体"选项,方向1(1)设置为"6.50 mm",方向2(2)设置为"18.50 mm",如图5-66所示。

图 5-66 拉伸凸台

(67)绘制图 5-67 所示的图案,图(a)用"样条曲线"绘制,且样条曲线与半径为"29.00 mm"的半圆环相接,不留间隔;图(b)是绘制一条过圆心的水平线;图(c)是使用"镜像";图(e)是删掉多余的线段。

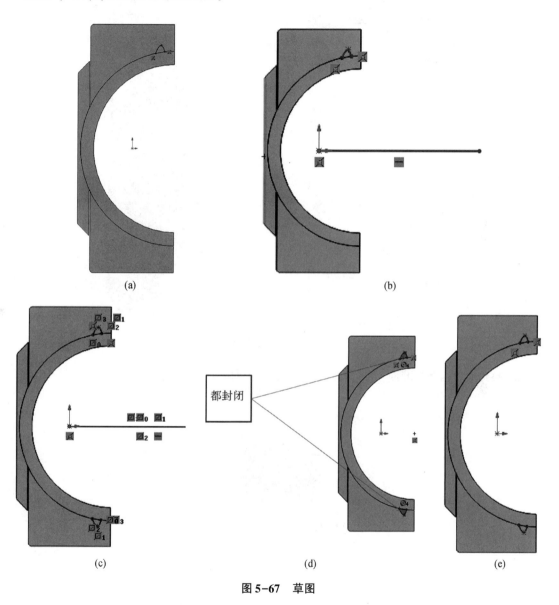

图 5-67 草图

(68)选择"特征"→"拉伸凸台/基体"选项,如图 5-68 所示。

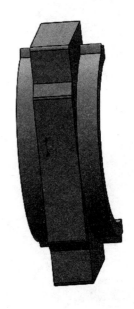

图 5-68　拉伸凸台

(69)选择"右视基准面"选项，使右视基准面正对自己，如图 5-69 所示。

图 5-69　连杆盖

(70)在中点绘制长为"3.25 mm"的竖直线段，如图 5-70 所示。

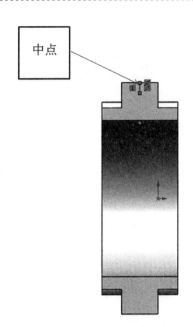

图 5-70　绘制长为"3.25 mm"的竖直线段

(71)在竖直线段下端绘制一个半径为"2.00 mm"的圆,再删除线段(用"剪裁实体"命令剪裁),如图 5-71 所示。

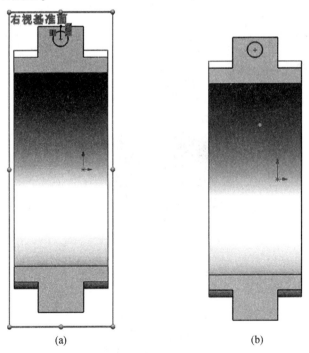

图 5-71　绘制半径为"2.00 mm"的圆

(72)选择"特征"→"拉伸切除"选项,如图 5-72 所示。

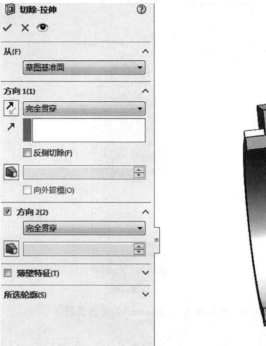

图 5-72 拉伸切除

(73)单击蓝色平面,选择"草图"→"草图绘制"→"圆"选项,圆与孔一样大且同心,如图 5-73 所示。

图 5-73 绘制圆

(74)选择"插入"→"曲线"→"螺旋线/涡状线"选项,如图 5-74 所示。

 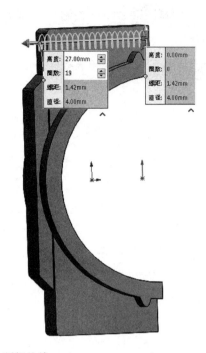

图 5-74 绘制螺旋线

(75) 选择"插入"→"参考几何体"→"基准面"选项,如图 5-75 所示。

 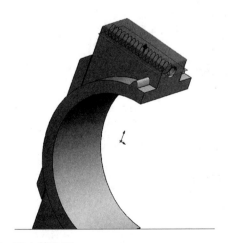

图 5-75 建立基准面

(76)选择"草图"→"草图绘制"→"基准面4"→"多边形"选项,绘制一个三角形,如图5-76所示。

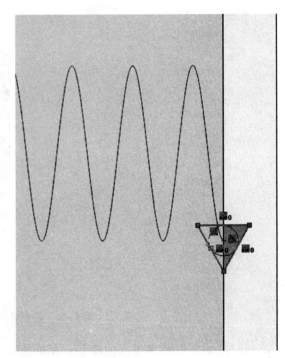

图5-76 绘制三角形

(77)选择"退出草图"→"特征"→"扫描切除"选项,如图5-77所示。

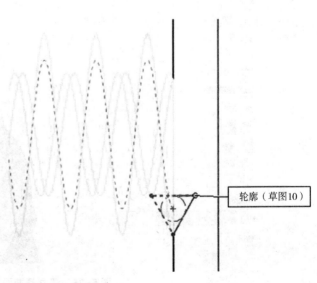

图5-77 扫描切除

(78)选中螺旋线并单击,选择图标,如图5-78所示。

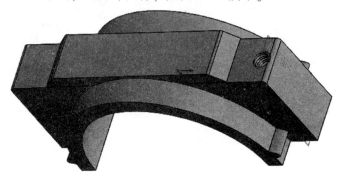

图 5-78 隐藏

(79)用相同的方法绘制另一半螺纹(也可以使用两次镜像来绘制,先镜像图 5-72 的孔,再镜像图 5-78 的扫描切除特征),如图 5-79 所示。

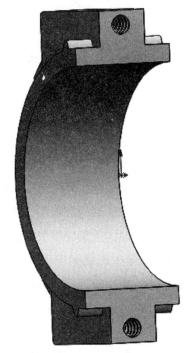

图 5-79 绘制螺纹

第6章 曲轴建模

6.1 曲轴概述

曲轴是发动机的主要旋转部件,负责将活塞的往复运动转变为自身的旋转运动。曲轴的功用是把活塞、连杆传来的气体力转变为转矩,用以驱动汽车的传动系统和发动机的配气机构以及其他辅助装置。曲轴在周期性变化的气体力、惯性力的共同作用下工作,承受弯曲和扭矩交变载荷。因此,曲轴应该有足够的抗弯曲、抗扭矩的疲劳强度和刚度;轴颈应该有足够大的承压表面和耐磨性;曲轴的质量应尽量小;对各轴颈的润滑应该充分。

曲轴一般由45钢、40Cr、35Mn2等中碳钢和中碳合金钢模锻而成,轴颈表面经高频淬火或氮化处理,最后进行精加工。为提高曲轴的疲劳强度,消除应力集中,轴颈表面应进行喷丸处理,圆角处要经滚压处理。

曲轴基本上由若干个单元曲拐构成。一个曲柄销、左右两个曲柄臂和左右两个主轴颈构成一个单元曲拐。将若干个单元曲拐按照一定的相位连接起来,再加上曲轴前、后端便构成一根曲轴。多数发动机的曲轴,在其曲柄臂上装有平衡重。平衡重用来平衡连杆大端、连杆轴颈和曲柄产生的离心力和力矩,使发动机运转平稳,并减小主轴承上的负荷。平衡重常与曲轴制成一体,且须经过动平衡校验合格。在曲轴上还钻有贯穿主轴颈、曲柄和连杆轴颈的油道,一定压力的润滑油通过此油道对主轴承和连杆轴承进行润滑,从而减小摩擦阻力,保护主轴颈和连杆轴颈。

相邻两个曲拐间都有主轴颈的曲轴为全支撑曲轴,其优点是抗弯曲能力强,并可减轻主轴承的载荷;缺点是主轴颈多,加工表面多,曲轴和机体相应较长。在直列式发动机中,全支撑曲轴的主轴颈比气缸多一个;在V形发动机中,全支撑曲轴的主轴颈比气缸的一半多一个。现代汽车发动机多采用全支撑整体式曲轴。

曲轴实体模型如图6-1所示。

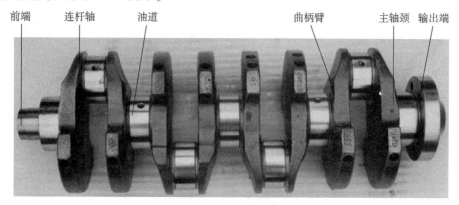

图 6-1 曲轴实体模型

在对曲轴进行三维建模前,应先对曲轴的实体模型进行观察。由图6-1可知,把曲轴的前端和输出端去掉之后,可以将曲轴看成是一个对称的图形。因此,只需要创建好这样一个形状,其余的部分可通过镜像命令、线性阵列命令、旋转命令得到。在创建曲轴的三维模型时,应该先从主轴颈开始创建。特别要注意的是,在对主轴颈和连杆轴颈进行拉伸的时候,定义的拉伸厚度应该为实际厚度的一半,原因在于在后续的步骤中会使用镜像命令和线性阵列命令。先将曲轴的主体部分(对称部分)创建完毕之后再进行前端和输出端的创建工作。

6.2 曲轴建模步骤

曲轴参数如表6-1所示。

表 6-1 曲轴参数

名称	数据	名称	数据
曲轴主轴颈直径	54 mm	曲柄厚度	13 mm
曲轴连杆轴颈直径	46 mm	曲轴前端轴直径	32 mm
曲轴主轴颈长度	12 mm	曲轴前端轴长度	24 mm
曲轴连杆轴颈长度	12.5 mm	曲轴后端轴直径	42 mm
曲轴后端螺栓孔阵列	6 个	曲轴后端轴长度	13 mm
曲轴油孔直径	5 mm	曲轴后端螺栓孔径	16 mm
曲柄圆弧直径	140 mm	曲轴后端螺栓孔深度	15 mm

(1) 双击 SolidWorks 图标进入如图 6-2 所示的主界面，单击其中的"零件" 零件图标。

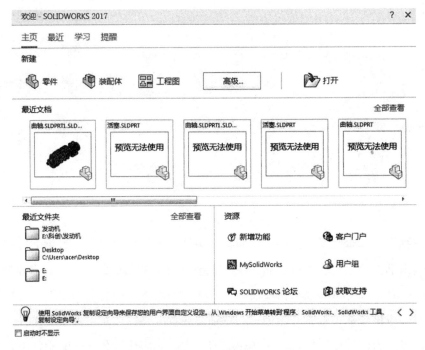

图 6-2　主界面

(2) 进入零件绘图主界面后，单击"草图"栏中的"草图绘制"图标绘制草图，绘图主界面如图 6-3 所示，选择"草图绘制"如图 6-4 所示。

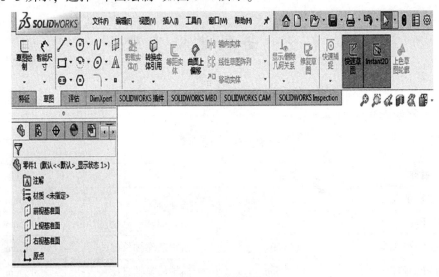

图 6-3　绘图主界面

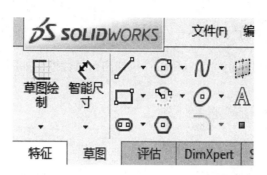

图6-4 选择"草图绘制"

(3)选择前视基准面作为草图绘制基准面,也可以选择右视基准面或上视基准面作为草图绘制的基准面,如图6-5所示。

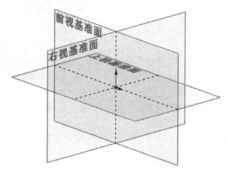

图6-5 选择基准面

(4)主轴颈的绘制。在主界面左上角,单击"圆" ⊙·图标,绘制一个半径为"27.00 mm"的圆。圆属性框如图6-6所示,绘制半径为"27.00 mm"的圆如图6-7所示。

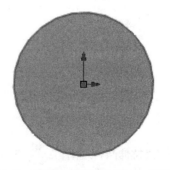

图6-6 圆属性框　　图6-7 绘制半径为"27.00 mm"的圆

(5)单击"特征"栏中的"拉伸凸台/基体" 图标,对主轴颈圆进行拉伸,选择"给定深度"选项,定义拉伸厚度为"12.00 mm"拉伸凸台属性框,如图6-8所示,拉伸凸台如图6-9所示。

图6-8　拉伸凸台属性框　　　　图6-9　拉伸凸台

(6)曲柄的绘制。选择主轴颈的一个面为基准面,在此基础上对曲柄进行绘制。单击"圆" 图标,绘制一个半径为"36.00 mm"的圆。圆属性框如图6-10所示,绘制半径为"36.00 mm"的圆如图6-11所示。

图6-10　圆属性框　　　　图6-11　绘制半径为"36.00 mm"的圆

(7)单击"拉伸凸台/基体" 图标,对步骤(6)绘制的圆进行拉伸,选择"给定深度",设置拉伸厚度为"4.00 mm"。拉伸凸台属性框如图6-12所示,拉伸凸台如图6-13所示。

图 6-12 拉伸凸台属性框　　　　图 6-13 拉伸凸台

(8)以步骤(7)拉伸出的圆柱的一个面为基准面进行下一步的绘制。单击"圆" ⊙·图标绘制半径为"70.00 mm"的圆。圆属性框如图 6-14 所示,绘制半径为"70.00 mm"的圆如图 6-15 所示。

 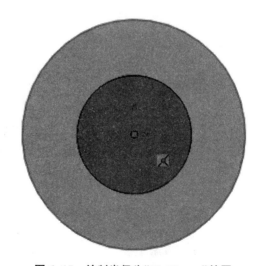

图 6-14 圆命令属性框　　　　图 6-15 绘制半径为"70.00 mm"的圆

(9)单击"直线" ∕·图标,以坐标原点为起点,绘制一条长度为"45.00 mm"的中心线,此中心线主要起定位的作用。直线属性框如图 6-16 所示,绘制直线如图 6-17 所示。

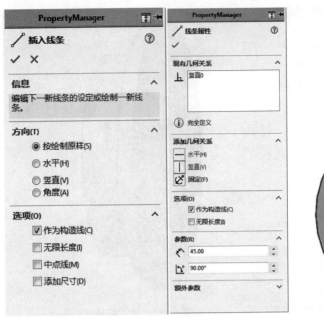
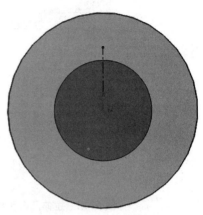

图 6-16　直线属性框　　　　　图 6-17　绘制直线

（10）以中心线的另一端点为圆心，绘制半径为"25.50 mm"的圆。圆属性框如图 6-18 所示，绘制半径为"25.50 mm"的圆如图 6-19 所示。

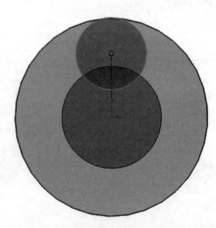

图 6-18　圆属性框　　　　　图 6-19　绘制半径为"25.50 mm"的圆

（11）单击"直线"图标，以坐标原点为起点，绘制一条长度为"46.00 mm"的中心线（定位作用）和一条与其垂直的中心线，这条垂直的中心线应该刚刚与圆相交。绘制中心线如图 6-20 所示，绘制垂直的中心线如图 6-21 所示。

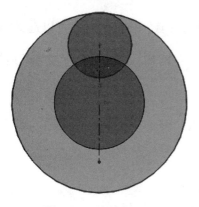
图 6-20 绘制中心线

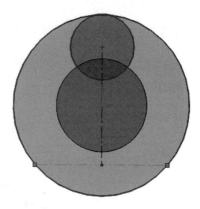
图 6-21 绘制垂直中心线

(12)单击"直线" 图标,分别绘制一条长度为"20.00 mm"和"10.00 mm"的线段。绘制的"20.00 mm"的线段如图 6-22,绘制的"10.00 mm"的线段如图 6-23 所示。

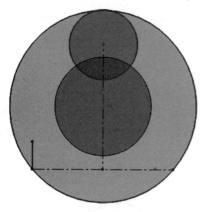
图 6-22 绘制的"20.00 mm"的线段

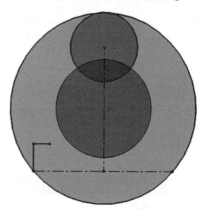
图 6-23 绘制的"10.00 mm"的线段

(13)单击"曲线" 图标绘制样条曲线,如图 6-24 所示。

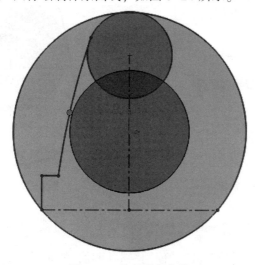
图 6-24 绘制样条曲线

(14)单击"剪裁实体" 图标,对多余线条进行剪裁,剪裁的时候可以选择"剪裁到最近端",也可以选择"强劲剪裁",使用"强劲剪裁"的时候,应按住鼠标左键然后拖动光标删除多余的部分,如图6-25所示。

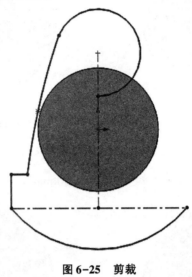

图6-25 剪裁

(15)单击"镜像实体" 图标对步骤(12)和步骤(13)所画线条进行镜像处理。镜像点(对称轴)选择中心线,要镜像的实体选择需要的线条即可,如图6-26和图6-27所示。

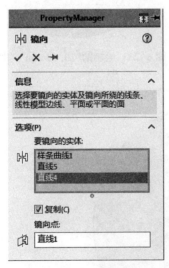

图6-26 镜像

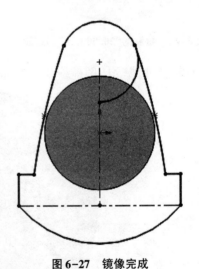

图6-27 镜像完成

(16)再次单击"剪裁实体" 图标对多余线条进行剪裁,剪裁的时候可以选择"剪裁到最近端",也可以选择"强劲剪裁",使用"强劲剪裁"的时候,应按住鼠标左键然后拖动光标删除多余的部分。剪裁后的图形如图6-28所示。

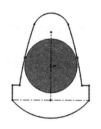

图 6-28 剪裁完成

（17）单击"拉伸凸台/基体" 图标进行拉伸，选择"给定深度"选项，并设置拉伸厚度为"13.00 mm"。拉伸凸台属性框如图 6-29 所示，拉伸凸台如图 6-30 所示。

图 6-29 拉伸凸台属性框　　　　图 6-30 拉伸凸台

（18）选择曲柄的一个面作为基准面绘制连杆轴颈圆。单击"圆" 图标，绘制一个半径为"23.00 mm"的圆，圆心与坐标原点的距离为"45.00 mm"，如图 6-31 所示。

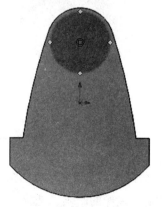

图 6-31 绘制连杆轴颈圆

(19)单击"拉伸凸台/基体"图标对步骤(17)所画圆进行拉伸,选择"给定深度"选项,设置拉伸厚度为"12.50 mm"(12.50 mm 为连杆轴颈实际长度的一半),如图 6-32 和图 6-33 所示。

图 6-32 拉伸凸台属性框

图 6-33 拉伸凸台

(20)单击"圆角"图标对三维模型进行圆角处理,圆角处理的部分参照实际模型,如图 6-34 所示。另外,设置圆角时半径不宜过大,否则无法生成圆角。

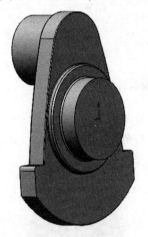

图 6-34 圆角

(21)单击"线性阵列"中的"镜像"图标,对已经画好的图形进行镜像处理。选择连杆轴颈的一个面作为镜像面(对称面),勾选镜像实体,然后选择要镜像的部分,如图 6-35 和 6-36 所示。需要注意的是,镜像的时候,选择"要镜像的实体"那一栏,而不是选择"要镜像的特征"和"要镜像的面",以简化建模过程。如果选择"要镜像的特征"和"要镜像的面",这样很可能会选择不完全,导致镜像失败。

图 6-35 镜像属性框

图 6-36 镜像完成

(22)单击"线性阵列"图标对图形进行线性阵列,设置距离为"83.00 mm",设置个数为"4",选择"间距与实例数"单选按钮,勾选"实体"复选框,选中要线性阵列的实体,如图 6-37 和图 6-38 所示。83 mm 的计算过程:将步骤(5)的拉伸厚度 12 mm、步骤(7)的拉伸厚度 4 mm、步骤(16)的拉伸厚度 13 mm 与步骤(18)的拉伸厚度 12.5 mm 相加得 41.5 mm,41.5 mm×2=83 mm。

图 6-37 设置线性阵列

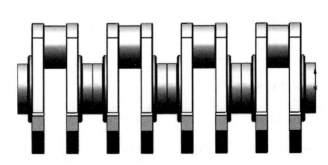

图 6-38 线性阵列完成

（23）此时，曲轴的大体形状已建好，现在对其进行"旋转"，在旋转之前需要插入一根基准轴作为旋转时的参考轴。单击"特征"栏中的"参考几何体" 图标插入一条基准轴，选择"圆柱/圆柱面"进行插入（单击选中一个圆柱），如图6-37和图6-40所示。刚开始生成的基准轴很短，生成完毕后需要对其延长，选中基准轴的一端，单击鼠标左键移动即可。

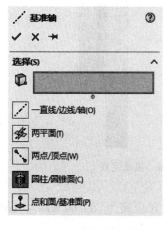
图6-39 插入基准轴

图6-40 生成基准轴

（24）在主界面左上角选择"插入"→"特征"→"移动/复制"选项，并对中间2个实体进行旋转。旋转时，基准轴选择步骤（22）所画的基准轴，旋转角度设置为"180.00度"（如果是六缸发动机，则设置为"120.00度"和"-120.00度"），如图6-41和图6-42所示。

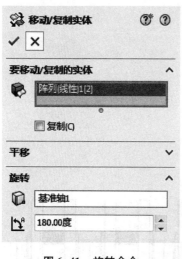
图6-41 旋转命令

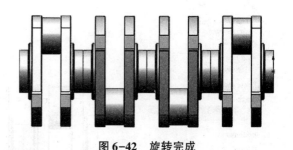
图6-42 旋转完成

（25）进行曲轴后端的绘制。选择主轴颈的一个平面作为基准面，单击"圆" 图标，绘制半径为"27.00 mm"的圆，单击"拉伸凸台/基体" 图标对其进行拉伸，并设置拉伸厚度为"12.00 mm"，如图6-43所示。

图 6-43 拉伸凸台

(26)在步骤(24)所拉伸的圆柱面上绘制一个半径为"42.00 mm"的圆,单击"拉伸凸台/基体" 图标对其进行拉伸,设置拉伸厚度为"15.00 mm",如图 6-44 所示。

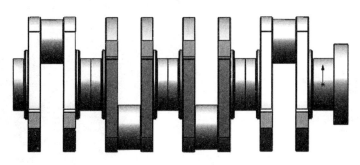

图 6-44 拉伸凸台

(27)在步骤(25)所画的圆柱面上绘制一个半径为"8.00 mm"的圆,单击"拉伸切除" 图标对其切除,选择"给定深度",设置深度为"15.00 mm",如图 6-45 和图 6-46 所示。

   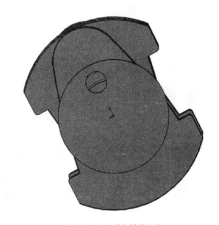

图 6-45 定义切除厚度　　　　　　　图 6-46 拉伸切除

(28)单击"线性阵列" 图标,选择"圆周阵列",对步骤(26)所生成的孔进行圆周阵列。阵列方向选择圆柱的边线,选择等间距,度数默认为"360.00 度",设置个数为"6",勾选"特征和面"复选框,选择"切除-拉伸1"选项(即步骤(26)所生成的圆孔),如图 6-47 和图 6-48 所示。

图 6-47 圆周阵列属性框

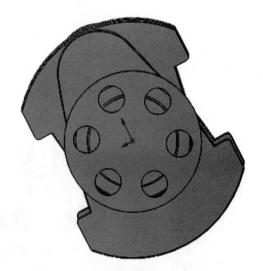

图 6-48 圆周阵列完成

（29）以步骤（25）所生成的圆柱的一个面为基准，绘制一个半径为"21.00 mm"的圆，单击"拉伸凸台/基体"  图标对其进行拉伸，设置拉伸厚度为"13.00 mm"，如图 6-49 所示。

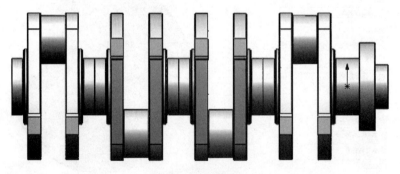

图 6-49 拉伸凸台

（30）对步骤（28）所画的圆柱进行倒角处理，倒角外边部分即可。

（31）以步骤（28）所画的圆柱的一面作为基准面绘制一个半径为"8.00 mm"的圆，并对其拉伸切除，切除深度为"10.00 mm"，如图 6-50 所示。

图 6-50 拉伸切除

(32)对曲轴前段进行绘制。分别绘制 2 个圆柱,其半径分别为"27.00 mm"和"16.00 mm",长度分别为"13.00 mm"和"24.00 mm",如图 6-51 所示。

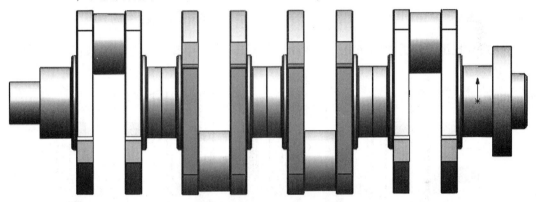

图 6-51 圆柱的绘制

(33)绘制一个孔,其半径为"8.00 mm",深度为"10.00 mm",如图 6-52 所示。

图 6-52 绘制孔

(34)选择"插入"→"特征"→"组合"选项,对所建模型进行组合,选择"要组合的实体"选项,选中整个模型即可,如图 6-53 和图 6-54 所示。

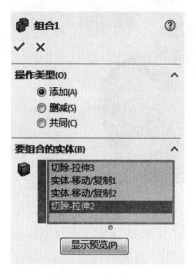

图 6-53 组合属性框

图 6-54 组合完成

（35）对比组合前的曲轴和组合后的曲轴，不难发现"接缝处"消失了，如图 6-55 和图 6-56 所示。

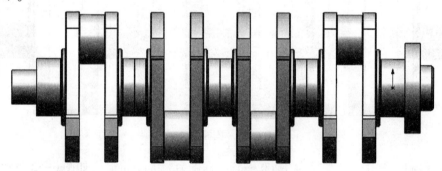

图 6-55 组合前的曲轴

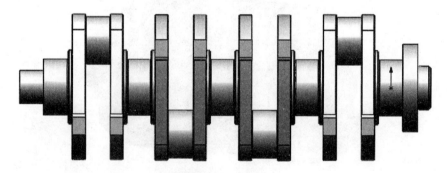

图 6-56 曲轴

（36）至此，曲轴基本建立完成，下面进行油道的绘制。

（37）单击左侧设计树的上视基准面，并选择"显示"选项，让上视基准面显示在图中。

（38）单击"参考几何体" 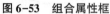 图标，插入一个基准面，此基准面以上视基准面为基准。

第一参考选择上视基准面，距离设置为"68.00 mm"，如图6-57和图6-58所示。

图6-57　基准面属性框　　　　　　　图6-58　插入完成

（39）单击"草图绘制"图标，在刚刚插入的基准面上绘制一个半径为"2.50 mm"的圆，此圆也在连杆轴颈的表面上，如图6-59和图6-60所示。

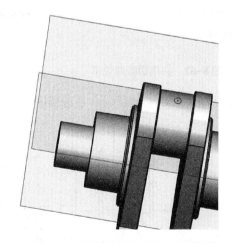

图6-59　圆属性框　　　　　　图6-60　绘制半径为"2.50 mm"的圆

（40）单击"草图绘制"图标，在右视基准面内绘制一条线段，这条线段就是油道的路径，如图6-61所示。

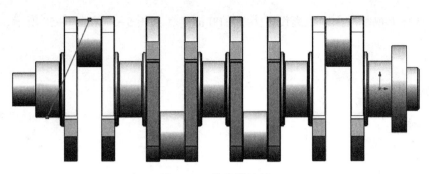

图 6-61 线段的绘制

(41)单击"扫描切除" 图标,扫描轮廓选择"圆"选项,扫描路径选择"线段",如图 6-62 和图 6-63 所示。

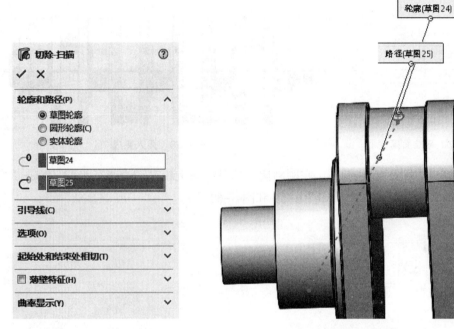

图 6-62 扫描切除属性框　　　　图 6-63 扫描参数选择

(42)单击"正方体"图标,更改透明度,可看到扫描切除后的图形,如图 6-64 所示。

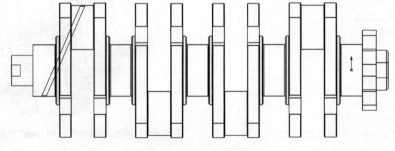

图 6-64 扫描切除完成

(43)依据上述操作步骤完成其余油道的绘制。

第 7 章
飞轮及曲轴正时齿轮建模

7.1 飞轮概述

对于四冲程发动机来说，每四个活塞行程做功一次，即只有做功行程做功，而排气、进气和压缩三个行程都要消耗功。因此，曲轴对外输出的转矩呈周期性变化，曲轴转速也不稳定。为了改善这种状况，需要在曲轴后端装置飞轮。

飞轮是转动惯量很大的盘形零件，其作用如同能量存储器。在做功行程中发动机传输给曲轴的能量，除对外输出外，还有部分被飞轮吸收，从而不会使曲轴的转速升高很多。在排气、进气和压缩三个行程中，飞轮将其储存的能量释放出来补偿这三个行程所消耗的功，从而使曲轴转速不致降低太多。

飞轮的主要功能是通过储存和释放能量来提高发动机运转的均匀性，提高发动机克服短时超负荷的能力，同时将发动机的动力传递给离合器、变速器等动力传动机构，动力传动机构将动力传递到车轮，驱动车辆行驶。

除此之外，飞轮还有许多其他功用：飞轮是摩擦式离合器的主动件；飞轮中心的圆孔还需要安装轴承，为变速器输入轴前端提供支撑；在飞轮轮缘上镶嵌有供起动发动机用的飞轮齿圈；在飞轮上还刻有上止点记号，用来校准点火定时或喷油定时以及调整气门间隙。

飞轮结构形状的特征是其大部分质量集中在轮缘上，所以轮缘又宽又厚，以便在较小的飞轮质量下获得较大的转动惯量。

飞轮多用灰铸铁制造，当轮缘的圆周速度超过 50 m/s 时，飞轮应采用球墨铸铁或铸钢制造。

飞轮应与曲轴一起进行动平衡校验。为保持动平衡校验后曲轴与飞轮的相对位置不变，通常采用定位销或不等距的螺栓将飞轮紧固在曲轴后端。

7.2 飞轮建模步骤

飞轮的建模参数如表7-1所示。

表7-1 飞轮建模参数

名称	数据	名称	数据
飞轮模数	2.5 mm	中心孔半径	16 mm
飞轮齿数	152	安装螺栓孔数	6
飞轮厚度	18 mm	安装螺栓孔半径	10 mm
凹槽深度	6 mm	安装孔圆心距离原点距离	40 mm

（1）打开SolidWorks，单击右侧的设计库，选择"Toolbox"选项，再依次双击"GB""动力传动"和"齿轮"图标，如图7-1所示。

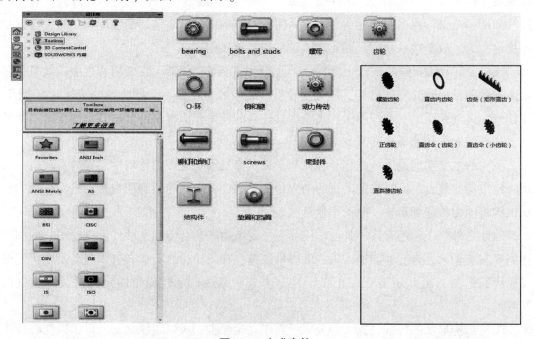

图7-1 生成齿轮

右击"正齿轮"，选择"生成零件"选项，在左侧属性框中输入齿轮的参数，模数为"2.5"，齿数为"152"，压力角为"20"，面宽为"18"，毂样式选择"类型A"，标称轴直径为"32",然后按<Enter>键或单击右上角或左边的 ✓ 按钮,如图7-2所示。

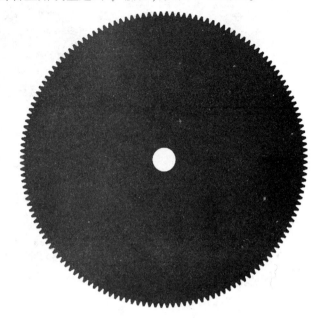

图7-2 齿轮

(2)单击"草图"栏中的"圆" ⊙ ·图标,选择飞轮的一个端面作为基准面,以中间原点为圆心画一个半径为"160.00 mm"的圆,如图7-3所示。

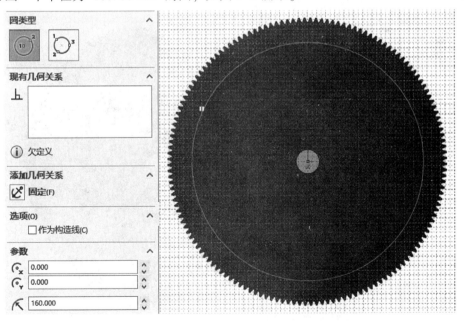

图7-3 绘制半径为"160.00 mm"的圆

单击"特征"栏中的"拉伸切除" 图标,设置拉伸切除深度为"6.00 mm",然后按<Enter>键或单击右上角或左边的 ✓ 按钮,如图7-4所示。

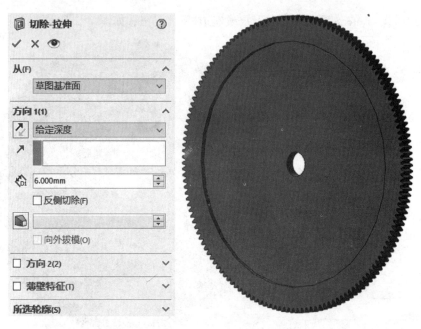

图 7-4 定义凹槽

(3) 在凸台的另一面以步骤(2)的方法画出大小相同的凹槽。

(4) 单击"草图"栏中的"中心线"图标，选择飞轮凹槽的一端面作为基准面，以中间原点为起始点画一条长度为"40.00 mm"的直线，如图 7-5 所示。

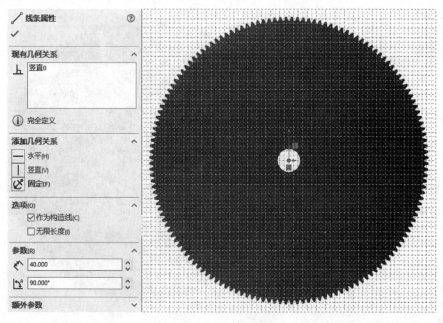

图 7-5 绘制中心线

再单击"圆"图标，以直线的终止点为圆心画一个半径为"5.00 mm"的圆，如图 7-6 所示。

第7章 飞轮及曲轴正时齿轮建模

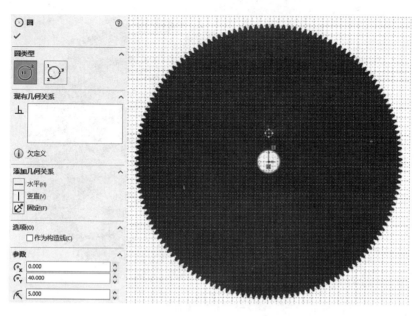

图7-6 绘制半径为"5.00 mm"的圆

单击"特征"栏中的"拉伸切除"图标，方向1(1)设置为"完全贯穿"，单击要贯穿的图形，然后按<Enter>键或单击右上角或左边的按钮，如图7-7所示。

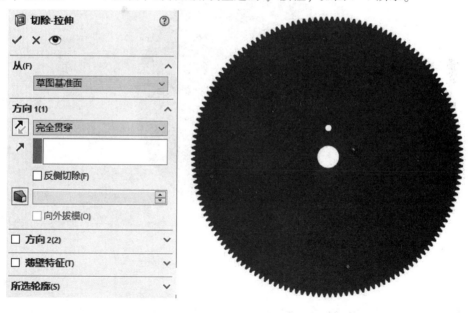

图7-7 螺栓孔

单击"特征"栏"线性阵列"图标中的"下三角"符号，在弹出的下拉选项中选择"圆周阵列"，方向为"边线<1>"，选择"等间距"，个数为"6"，"特征和面"为半径为"5.00 mm"的圆孔的切除面，如图7-8所示。

· 111 ·

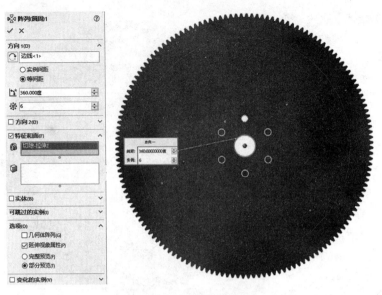

图 7-8　螺栓孔的阵列

然后按<Enter>键或单击右上角或左边的 ✓ 按钮，如图 7-9 所示。至此，简易的飞轮模型制作完成。

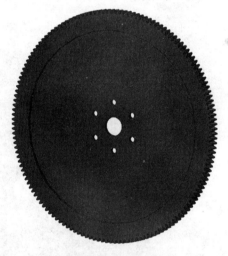

图 7-9　飞轮模型

7.3　曲轴正时齿轮概述

曲轴正时齿轮用半圆键或长条键固定安装在曲轴前端，通过正时传动带或正时链将动力按相位要求传递给凸轮轴正时齿轮，从而带动凸轮轴旋转，驱动进、排气门按工作行程开闭。

7.4 曲轴正时齿轮建模步骤

曲轴正时齿轮的建模参数如表 7-2 所示。

表 7-2 曲轴正时齿轮的建模参数

名称	数据	名称	数据
齿轮齿数	25	齿根圆半径	45 mm
模数	4 mm	轮齿厚度	6.283 mm
压力角	20°	齿轮厚度	20 mm
齿顶圆半径	54 mm	齿轮内孔半径	21.05 mm
分度圆半径	50 mm	齿轮内孔键槽宽度	12 mm
基圆半径	46.985 mm		

（1）打开 SolidWorks，单击右侧的设计库，选择"Toolbox"选项，依次双击"GB""动力传动"和"齿轮"图标，如图 7-10 所示。

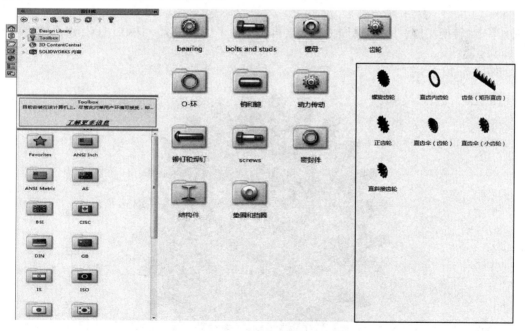

图 7-10 生成齿轮

右击"正齿轮",选择"生成零件",在左侧属性中输入齿轮的参数,模数为"4",齿数为"25",压力角为"20",面宽为"20",然后按<Enter>键或单击右上角或左边的 图标,如图7-11所示。

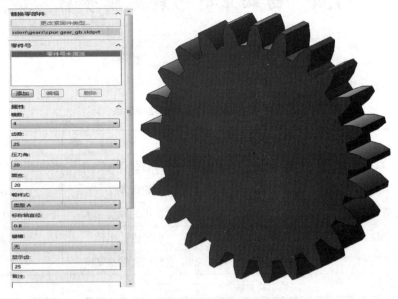

图7-11 齿轮

(2)单击齿轮的一个端面,在弹出的工具栏中选择"草图绘制"选项,然后在草图工具栏中单击"转换实体引用" 图标,接着再框选整个齿轮轮廓,按<Ctrl+C>组合键进行复制,如图7-12所示。

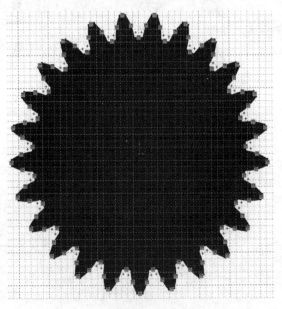

图7-12 复制齿轮轮廓

(3)新建一个零件图,按<Ctrl+V>组合键进行粘贴,单击"视图定向" 图标,使齿轮轮廓面向自己,如图7-13所示。单击"特征"栏中的"凸台拉伸/基体" 图标,然后单击齿轮轮廓线,设置拉伸长度为"20.00 mm",然后按<Enter>键或单击右上角或左边的 按钮,如图7-14所示。

图7-13 粘贴齿轮轮廓

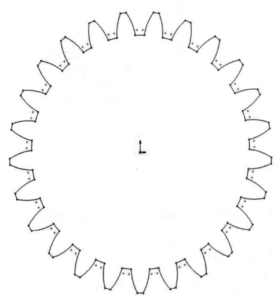

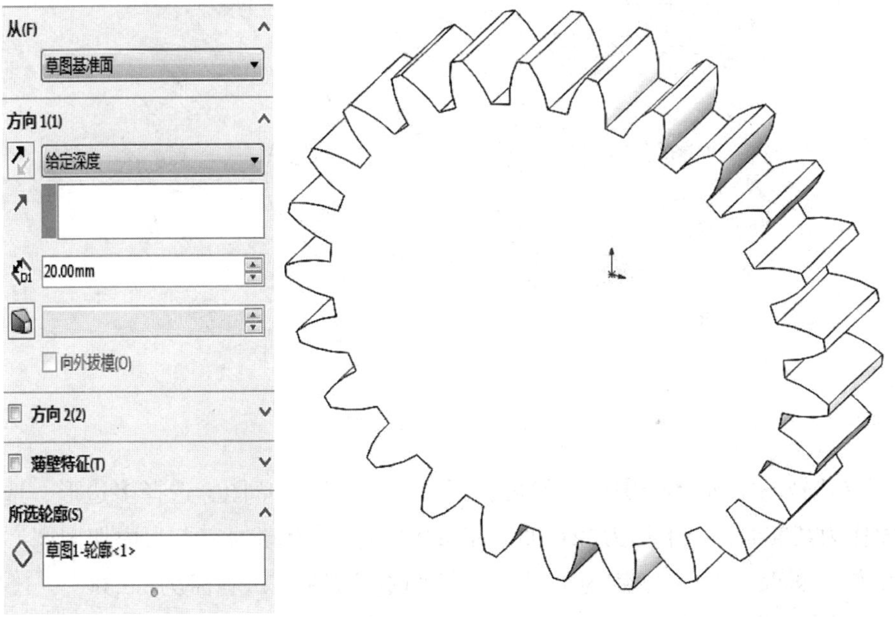

图7-14 齿轮

(4) 单击"草图"栏中的"圆" ⊙ ·图标,选择齿轮的一个端面作为基准面,以中间原点为圆心画一个半径为"21.05 mm"的圆,如图7-15所示。

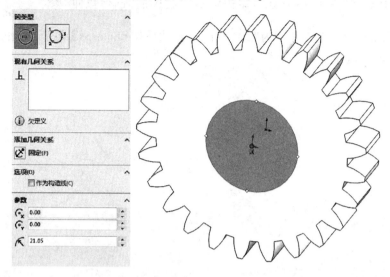

图 7-15　绘制半径为"21.05 mm"的圆

单击"特征"栏中的"拉伸切除" 图标,方向1(1)设置为"完全贯穿",然后按<Enter>键或单击右上角或左边的 ✓ 按钮,如图7-16所示。

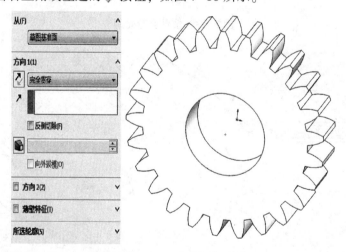

图 7-16　齿轮中心孔

(5) 单击"视图定向" 图标,使齿轮正对自己,进入草图。选择多边形,选择正对自己的面作为基准面,以半径为"21.05 mm"的中心孔最上端的一点为内切圆圆心画一个矩形,在左侧修改参数,边数为"4",选择"内切圆",X坐标为"0.00",Y坐标为"21.05",圆直径为"12.00",角度为"45.00°",如图7-17所示。

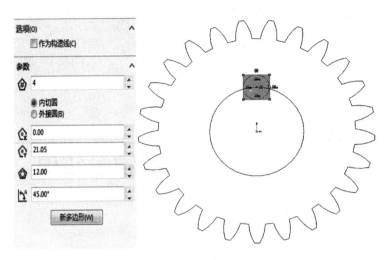

图 7-17 绘制键槽

单击"特征"栏中的"拉伸切除" 拉伸切除 图标，方向(1)设置为"完全贯穿"，然后按 <Enter>键或单击右上角或左边的 按钮，如图 7-18 所示。至此，简易的曲轴正时齿轮模型制作完成。

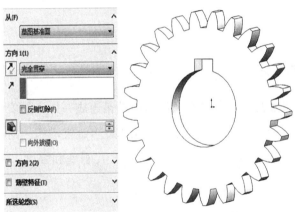

图 7-18 键槽

第8章 气缸、缸套及曲轴箱建模

8.1 气缸体

8.1.1 气缸体概述

气缸体是发动机的主体,它将各个气缸和曲轴箱连成一体,是安装活塞、曲轴以及其他零件和附件的支撑骨架。现代汽车基本都采用水冷多缸发动机,对于多缸发动机,气缸的排列形式决定了其外形尺寸和结构特点,影响着其刚度和强度,并关系到汽车的总体布置。

8.1.2 气缸体的工作环境及各组成部分的作用

气缸体的工作环境十分恶劣,不仅要承受燃烧过程中压力和温度的急剧变化,还要承受活塞运动的强烈摩擦。因此,它应具有以下性能。

(1)有足够的强度和刚度,变形小,保证各运动零件位置正确,运转正常,振动噪声小。

(2)有良好的冷却性能,在缸筒的四周有冷却水套,以便让冷却水带走热量。

(3)耐磨,以保证气缸体有足够的使用寿命。

气缸体的上部是并列的气缸筒,其上有气缸套。气缸体的下部是曲轴箱,用来安装曲轴,其外部还可安装发电机、发动机支架等各种附件。气缸体大多用铸铁或铝合金铸造而成,铝合金缸体成本较高,但重量轻、冷却性能好,目前得到越来越广泛的应用。机体是发动机的骨架,是发动机各机构和各系统的安装基础,其内、外安装着发动机的所有主要零件和附件,承受各种载荷。因此,机体必须有足够的强度和刚度。机体组主要由气缸体、曲轴箱、气缸盖和气缸垫等组成。

气缸的功用:将压缩空气的能量转换为机械能,驱动机构做往复运动、摆动和旋转运动。气缸是引导活塞在缸内进行往复运动的圆筒形金属机件。气体在发动机气缸中通过膨胀将热能转化为机械能。在压缩过程中,气体在气缸中接受活塞压缩而提高压力。气缸套是燃烧室部件中的主体。柴油机的工作循环是在气缸套内的工作空间里进行的,活塞在气缸套内部做往复运动。在筒形活塞式柴油机中气缸套起导承作用,承受活塞的侧推力。

气缸套上部受到安装紧固力和高温、高压燃烧气体的作用,将产生变形和相当大的机械应力与热应力,此外还要遭受腐蚀,且活塞组在气缸套内的高速往复运动,将引起摩擦和磨损。因此,气缸套必须有足够的强度和刚度,良好的耐磨性和抗腐蚀能力,并要对它进行良好的润滑和冷却,在气缸套和气缸盖的结合面、气缸体和气缸套的结合面要有可靠的气封和水封。

8.1.3 气缸的分类

水冷发动机的气缸体和上曲轴箱常铸成一体,称为气缸体-曲轴箱,也可直接称为气缸体。气缸体一般用灰铸铁铸成,气缸体上部的圆柱形空腔称为气缸,其下部为支撑曲轴的曲轴箱,其内腔为曲轴运动的空间。在气缸体内部铸有许多加强筋、冷却水套和润滑油道等。气缸体应具有足够的强度和刚度,根据气缸体与油底壳安装平面的位置,通常把气缸体分为以下三种形式:

(1)一般式气缸体,其油底壳安装平面和曲轴旋转中心在同一高度。这种气缸体的优点是机体高度小,重量轻,结构紧凑,便于加工,曲轴拆装方便;缺点是刚度和强度较差。

(2)龙门式气缸体,其油底壳安装平面低于曲轴的旋转中心。这种气缸体的优点是强度和刚度都好,能承受较大的机械负荷;缺点是工艺性较差,结构笨重,加工较困难。

(3)隧道式气缸体,其曲轴的主轴承孔为整体式,采用滚动轴承,主轴承孔较大,曲轴从气缸体后部装入。这种气缸体的优点是结构紧凑,刚度和强度好;缺点是加工精度要求高,工艺性较差,曲轴拆装不方便。

8.1.4 冷却方式

气缸排成两列,左右两列气缸在同一水平面上,即左右两列气缸中心线的夹角 $\gamma = 180°$,称为对置式。它的特点是高度小,总体布置方便,有利于风冷,这种气缸应用较少。为了能够使气缸内表面在高温下正常工作,气缸和气缸盖必须进行适当地冷却。冷却方法有两种,一种是水冷,另一种是风冷。水冷发动机的气缸周围和气缸盖中都加工有冷却水套,并且气缸体和气缸盖的冷却水套相通,冷却水在水套内不断循环,带走部分热量,对气缸和气缸盖起冷却作用。

8.1.5 汽缸套的两种形式

气缸套有干式气缸套和湿式气缸套两种。

干式气缸套的特点是气缸套装入气缸体后,其外壁不直接与冷却水接触,而是和气缸体的壁面直接接触,壁厚较薄,一般为1~3 mm。它具有整体式气缸体的优点,且强度和刚度都较好,但加工比较复杂,内、外表面都需要进行精加工,拆装不方便,散热不良。

湿式气缸套的特点是气缸套装入气缸体后,其外壁直接与冷却水接触,气缸套仅在上、下各有一圆环地带和气缸体接触,壁厚一般为5~9 mm。它散热良好,冷却均匀,加工容易,通常只需要精加工内表面,而与水接触的外表面则不需要加工,且拆装方便,但是强度、刚度都不如干式气缸套好,而且容易产生漏水的情况,需要采取防漏措施。

8.2 气缸建模步骤

气缸、缸套的建模参数如表8-1所示。

表8-1 气缸、缸套的建模参数

名称	数据	名称	数据
气缸长度	571 mm	缸筒间距	35 mm
气缸宽度	186 mm	油孔道直径	8 mm
气缸高度	216 mm	缸套内直径	93 mm
缸筒直径	94 mm	缸套厚度	1.03 mm

气缸建模的操作步骤如下。

(1) 双击 SolidWorks 图标进入主界面,新建零件,如图8-1所示。单击"确定"按钮,进入零件制作草图的工作界面,单击"草图绘制" 图标,选取三个基准面的任意一个作为基准面(前视基准面)绘制草图。

单一设计零部件的3D展现

零件和/或其他装配体的3D排列

3D工程制图，通常属于零件或装配体

图 8-1　新建零件

（2）单击"绘制矩形" 图标，选择其中的边角矩形进行绘制，以原点为一个基准点，再任意选择一个不与原点平行和重合的点画出一个大致的矩形，如图 8-2 所示。在 Property Manager 图标中有参数项目，在参数项目中将 X 的值改为"571.00"，Y 的值改为"186.00"，再按<Enter>键，如图 8-3 所示，然后单击 图标完成草图的绘制。

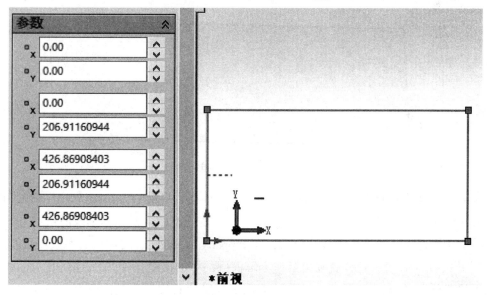

图 8-2　绘制轮廓

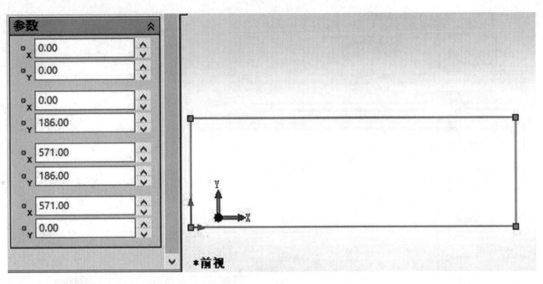

图 8-3 参数设置

(3) 在草图绘制完成后,单击"特征"栏的"拉伸凸台"图标,单击要被拉伸的对象矩形,矩形被选中后,在 Property Manager 图标中有参数项目,在图标后的文本框输入"216"并按<Enter>键,最后单击✓按钮完成凸台的拉伸,如图 8-4 所示。

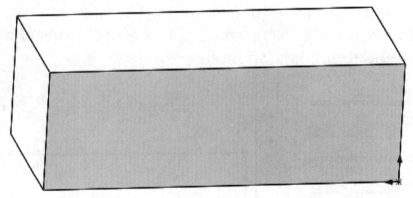

图 8-4 拉伸凸台

(4) 单击"草图绘制"图标,选择一个面为基准面,单击"直线"图标,在矩形的基准面的左边线上拾取中点,单击拾取中点画出一条水平直线。画出水平线后按<Esc>键返回。单击水平直线,水平直线被选中后,在 Property Manager 图标中的参数项目后输入"92"并按<Enter>键,这样就画出第一个缸筒圆的中心距矩形左边线的距离,如图 8-5 所示。然后单击"直线"图标,以第一条水平直线的右端点为基准点画一条水平直线,按<Esc>键返回,单击水平直线,在参数项目中输入"129"并按<Enter>键,从而确定第二个缸筒圆的中心。再按照之前的步骤画两条"129.00 mm"的水平直线段,则第三、四缸筒圆的中心也确定了,如图 8-6 所示。

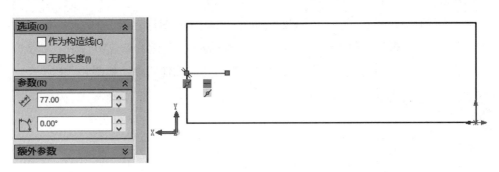

图 8-5 绘制直线段(1)

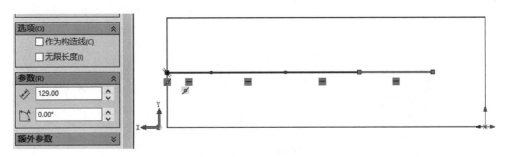

图 8-6 绘制直线段(2)

(5)缸筒圆的中心点确定了之后,单击"圆"⊙图标,以确定中心点为圆心,单击圆心后将光标拉至适当位置时再次单击(也可按<Esc>键返回,再选中圆后修改参数),在参数中的 ⌒ 图标后输入半径值"47.00"并按<Enter>键,完成的第一个缸筒圆如图 8-7 所示。然后再依次以二、三、四的圆心画出半径为"47.00 mm"的缸筒圆,如图 8-8 所示。单击 ⌐ 图标完成草图的绘制。

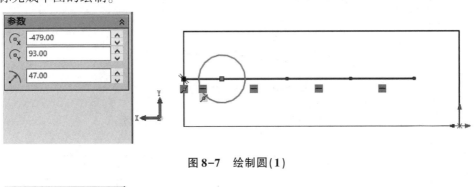

图 8-7 绘制圆(1)

图 8-8 绘制圆(2)

(6)缸筒圆画完之后,单击"特征"栏中的拉伸切除 图标,拾取对象(一般自动拾取先前的操作对象),即四个缸筒圆。在 Property Manager 图标的参数项目中,单击 图标选择"成形到下一面",如图8-9所示。单击 按钮完成拉伸切除,如图8-10所示。

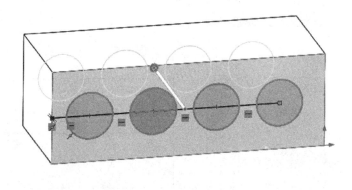

图8-9 拉伸切除

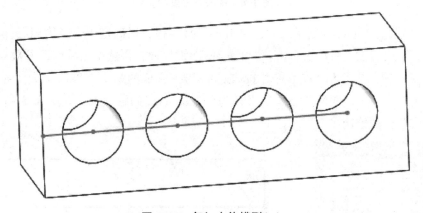

图8-10 气缸大体模型(1)

(7)将确定四个缸筒圆的中心的直线草图隐藏,如图8-11所示。

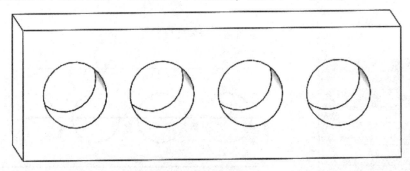

图8-11 气缸大体模型(2)

气缸水套的建模步骤如下。

(1) 在菜单栏中选择"插入"→"参考几何体"→"基准面"选项，选择气缸体的上端面作为参考基准面，在 Property Manager 图标的参数项目中 图标后输入距离"25.00 mm"，勾选"反转"复选框，使要定义的基准面在缸体内部，如图 8-12 所示。单击 按钮完成基准面 1 的建立。

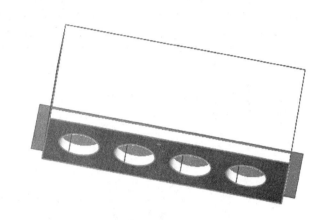

图 8-12　建立基准面

(2) 单击"绘制草图"图标，以基准面 1 为基准面绘制草图，以四个缸筒圆的圆心为圆心，分别画出各自的两个同心圆，其直径分别为"99.00 mm"和"109.00 mm"，如图 8-13 所示。单击 图标完成草图的绘制。

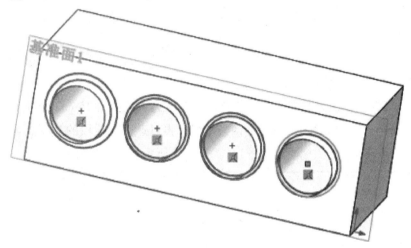

图 8-13　绘制圆

(3) 完成草图的绘制后，按住<Ctrl>键选取草图中的 8 个同心圆，单击"特征"栏中的"拉伸切除"图标，在 Property Manager 图标的参数项目的 图标后选择"给定深度"选项，在 图标后输入深度"160.00 mm"，如图 8-14 所示，然后单击 按钮完成拉伸切除。完成后的剖视图如图 8-15 所示。

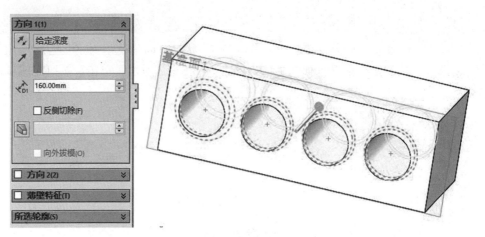

图 8-14　拉伸切除

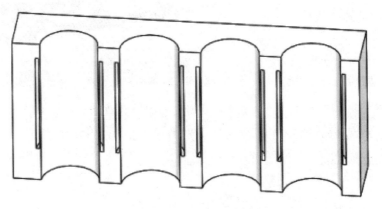

图 8-15　完成后的剖视图

油道孔的建模步骤如下。

（1）以气缸的上端面为基准面绘制草图，在缸体边缘线上方 15 mm 处画出长度分别为 92 mm、129 mm、129 mm 和 129 mm 的四条线段。再以这四条线段的左端点为圆心，画直径为 8 mm 的圆，单击 图标绘制草图，如图 8-16 所示。

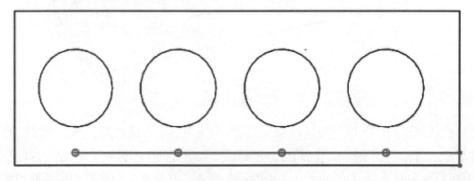

图 8-16　绘制草图

（2）按住<Ctrl>键并选中 4 个直径为 8 mm 的圆，再单击"特征"栏中的"拉伸切除"图标，在图标后选择"成形到下一面"选项，如图 8-17 所示，单击 按钮完成拉伸切除，如图 8-18 所示。

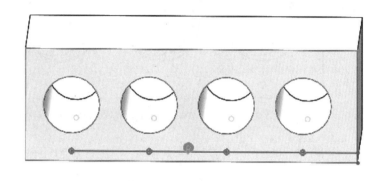

图 8-17 拉伸切除

图 8-18 成形结果

螺纹孔的建模步骤如下。

(1) 以气缸体的上端面作为基准面绘制草图，单击"直线"图标，以气缸体的右下端为起点，先画 15 mm 的水平线段，按下<Esc>键返回，再画下一条竖直的长为 15 mm 的线段，依次再画 78 mm 和 78 mm 的竖直线段，单击图标完成草图的建立。至此，就确定了螺纹孔的位置中心，如图 8-19 所示。

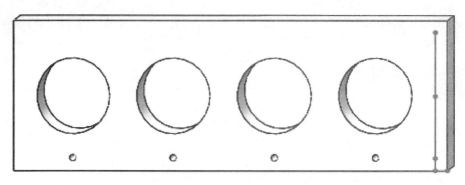

图 8-19　绘制草图

(2) 单击"特征"栏中的"异型孔向导"图标，在 Property Manager 图标的参数项目中，孔的类型选择"孔"选项，标准选择"GB"选项，类型选择"螺纹钻孔"选项，大小选择"M10"选项。在 图标后选择"给定深度"选项，在 图标后输入"25.00 mm"，如图 8-20 所示。

(3) 在各参数填写完成后，单击 图标，再单击定义螺纹孔中心点的基准面，随后单击草图定义的螺纹孔中心，单击 按钮完成操作，如图 8-21 所示。

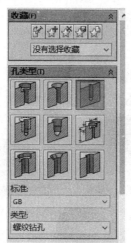
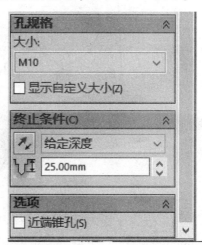

图 8-20　螺纹孔的类型及参数

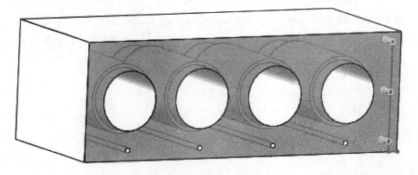

图 8-21　成形结果

(4) 隐藏定义螺纹孔中心的草图，如图 8-22 所示。

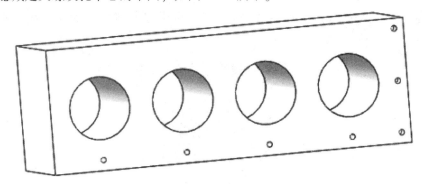

图 8-22　气缸大体模型

(5) 在菜单栏选择"插入"→"参考几何体"→"基准面"选项，选择气缸体的右端面为第一参考，在图标中输入"85.75 mm"，勾选"反转"复选框，如图 8-23 所示，这样便完成了基准面 3 的建立，如图 8-24 所示。

图 8-23　参数设置

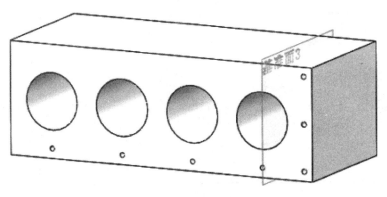

图 8-24　建立基准面

(6)基准面3建立好后,单击"特征"栏中的"镜向"图标,镜向面选取基准面3,要镜向的特征选取三个螺纹孔,如图8-25所示。单击✓按钮完成镜向特征,如图8-26所示。

图8-25 对象选取

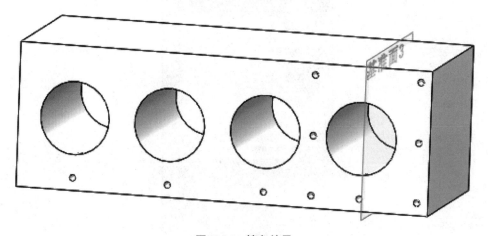

图8-26 镜向结果

(7)按照前两步的操作分别建立基准面,完成镜向或阵列操作,结果如图8-27所示。

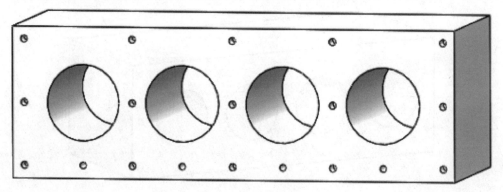

图8-27 气缸模型

8.3 缸套建模步骤

双击 SolidWorks 图标进入主界面"零件"并单击"确定"按钮，如图 8-28 所示，然后单击"草图"栏中的 图标绘制草图。之后单击 图标，先画一个直径为 93 mm 的圆，随后再画一个直径为 94.03 mm 的同心圆，单击 图标完成草图的绘制。完成草图后，单击"特征"栏中的 图标拉伸凸台，在 Property Manager 图标的参数项目的 图标后选择"给定深度"，在 图标后输入"216.00 mm"，如图 8-29 所示。单击 按钮完成拉伸凸台，如图 8-30 所示。

单一设计零部件的3D展现

零件和/或其他装配体的3D排列

2D工程制图，通常属于零件或装配体

图 8-28 新建零件

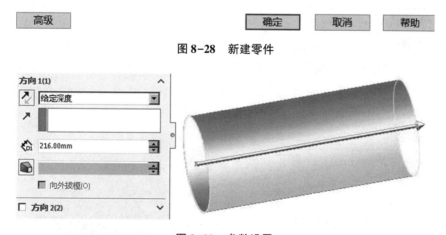

图 8-29 参数设置

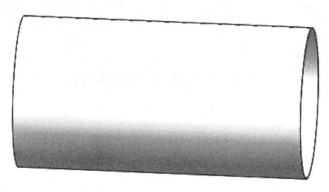

图 8-30　缸套模型

8.4　曲轴箱建模步骤

曲轴箱的建模参数如表 8-2 所示。

表 8-2　曲轴箱的建模参数

名称	数据	名称	数据
曲轴箱底座长度	571 mm	对应气缸凹槽宽	90 mm
曲轴箱底座宽度	186 mm	对应气缸凹槽间距	35 mm
曲轴箱底座高度	141 mm	曲轴箱底座前端孔直径	45 mm
曲轴箱底座厚度	10 mm	曲轴箱底座后端孔直径	101 mm

（1）双击 SolidWorks 图标进入零件，然后单击"草图"栏中的 图标进行草图绘制，之后单击 图标画一个长为 571 mm、宽为 186 mm 的矩形。接着单击 图标完成草图的建立。单击"特征"栏中的"拉伸凸台"选项，选择要进行拉伸的对象矩形，方向选择"给定深度"选项，再在 图标后输入"141.00 mm"的高度，如图 8-31 所示，单击 按钮后完成拉伸凸台。

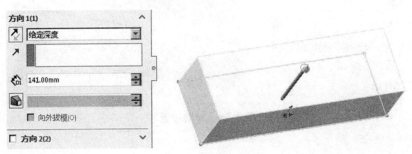

图 8-31　拉伸凸台

(2)在拉伸凸台之后,选择上端面作为新建草图的基准面,单击"等距实体"图标,选中上端面的矩形,在参数图标后输入"10.00 mm",观察等距的矩形是否在原矩形内,如果没在,则勾选"反向"复选框,如图 8-32 所示,单击✓按钮完成等距实体操作。

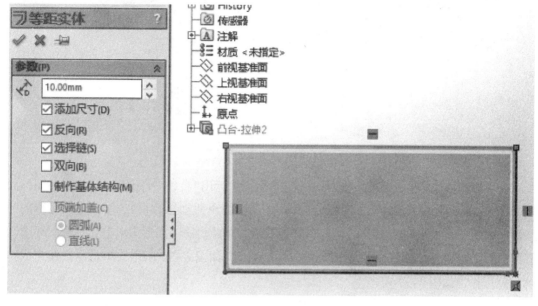

图 8-32　等距实体

(3)单击"特征"栏中的"拉伸切除"图标,单击较小的矩形,用鼠标将指向上方的拉伸切除方向拉向下方,再单击图标,输入"10.00 mm",如图 8-33 所示,单击✓按钮完成拉伸切除操作。

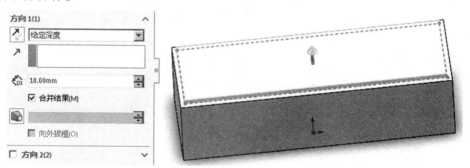

图 8-33　拉伸切除

(4)拉伸切除完成后,单击"插入"→"参考几何体"→"基准面",选中曲轴箱的右端,在图标后输入"10.00 mm",勾选"反转"复选框(让基准面 3 位于曲轴箱体内),如图 8-34 所示,单击✓按钮完成基准面的建立。

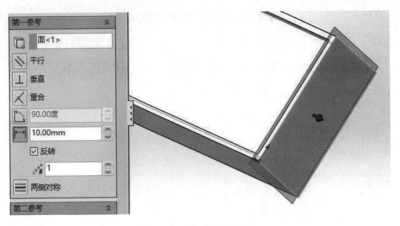

图 8-34 基准面的建立

(5) 在基准面 3 建立后，单击"草图绘制"图标，运用"直线"图标和"圆弧"图标画出如图 8-35 所示的一个封闭的草图后(其具体的数据由曲轴箱测得)，单击图标草图的绘制。之后，再单击"拉伸切除"图标，选取线段和圆弧封闭的图形为对象，在图标中选择"给定深度"选项，在图标中输入"551.00 mm"，如图 8-36 所示，单击✓按钮完成拉伸切除操作，如图 8-37 所示。

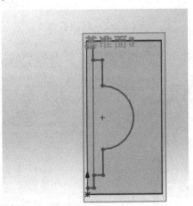

图 8-35 绘制草图

 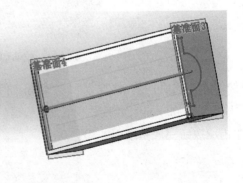

图 8-36 拉伸切除

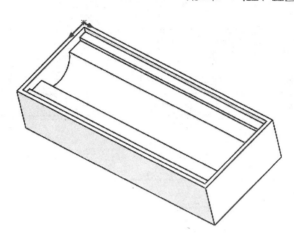

图 8-37 曲轴箱大体模型

(6)单击"绘制草图"图标,以曲轴箱的底端面为基准面,用"直线" 图标和"矩形" 图标画出如图 8-38 和图 8-39 所示的草图,然后单击"拉伸切除"图标,选择四个宽为 90 mm 的矩形为对象,单击✓完成拉伸切除操作,如图 8-40 所示。在曲轴箱的后端面绘制凸缘直径为 101 mm 的圆,圆心依据曲轴轴心,单击"拉伸切除"图标,选择"成形到下一面"选项,单击✓完成拉伸切除。在曲轴箱的前端面绘制前端轴直径为 45 mm 的圆,圆心与后端凸缘直径在曲轴箱同一水平位置上,单击"拉伸切除"图标,选择"成形到下一面"选项,单击✓按钮完成拉伸切除,如图 8-41 所示。

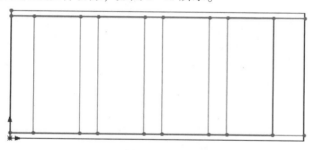

图 8-38 草图绘制

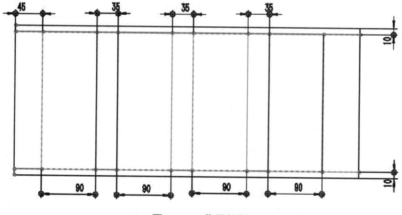

图 8-39 草图数据

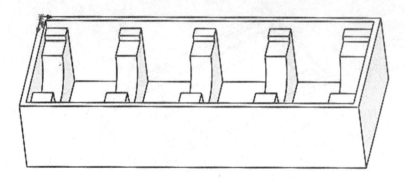

图 8-40 曲轴箱大体模型

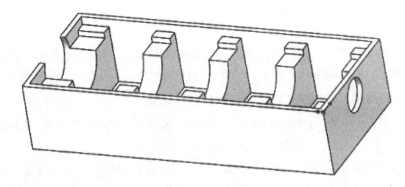

图 8-41 曲轴箱

第9章 气缸盖及气缸垫建模

9.1 气缸盖概述

9.1.1 气缸盖的工作条件及要求

气缸盖承受气体和紧固气缸盖螺栓造成的机械负荷,它还与高温燃气接触从而承受很高的热负荷。为了保证气缸盖的良好密封,气缸盖既不能损坏,也不能变形。为此,气缸盖应具有足够的强度和刚度。为了使气缸盖的温度分布尽可能均匀,避免进、排气门座之间产生热裂纹,应对气缸盖进行良好地冷却。

9.1.2 气缸盖的材料

气缸盖一般是由优质灰铸铁或合金铸铁铸造,轿车用汽油机的气缸盖则多采用铝合金铸造。铝合金的导热性好,有利于提高发动机的压缩比。其次,其铸造性能优异,适于浇筑结构复杂的零件。但必须注意铝合金气缸盖的冷却,控制其底平面的温度在300 ℃以下。否则,底平面一旦过热将因为产生塑性变形而翘曲。目前,国产轿车发动机均采用铝合金气缸盖。

9.1.3 气缸盖的构造

气缸盖是结构复杂的箱形零件,其上有进、排气门座孔,气门导管孔,火花塞安装孔或喷油器安装孔(柴油机)。在气缸盖内还铸有水套,进、排气道和燃烧室或燃烧室的一部分。若凸轮轴安装在气缸盖上,则气缸盖上还有凸轮轴承孔或凸轮轴承座及润滑油道。

显然,气缸盖的构造受许多结构因素的影响,如每缸气门数、凸轮轴的位置、冷却方式等。水冷发动机的气缸盖有整体式、分块式和单体式三种结构形式。在多缸发动机中，若全部气缸共用一个气缸盖，则称该气缸盖为整体式气缸盖；若每两缸一盖或每三缸一盖，则称该气缸盖为分块式气缸盖；若每缸一盖，则称该气缸盖为单体式气缸盖。风冷发动机的气缸盖均为单体式气缸盖。

整体式气缸盖结构紧凑，可缩短气缸中心距。当气缸直径小于 105 mm，且气缸数不超过 6 个时，一般都采用整体式气缸盖。而且，当工厂的产品品种单一，但生产批量很大时，采用整体式气缸盖比较经济。

当气缸的直径在 100~140 mm 时，气缸盖的形式受工厂的传统和产品系列的限制。若工厂同时生产 2、4、6、8、12 缸发动机系列，则采用两缸一盖的分块式气缸盖比较合适；若只生产直列 6 缸和 V6、V12 缸发动机，则采用三缸一盖更为合适，因为这样可以提高气缸盖的通用性，增加生产批量。

单体式气缸盖刚度大，且在备件储存、修理及制造等方面都比较优越。但是，采用单体式气缸盖在缩小气缸中心距方面受到一定的限制，同时气缸盖冷却液的回流需装设专门的回水管，使结构更加复杂。一般地，气缸直径为 140 mm 的发动机采用单体式气缸盖。

9.1.4 燃烧室

当活塞位于上止点时，活塞顶面以上、气缸盖底面以下所形成的空间称为燃烧室。在汽油机气缸盖底面通常铸有形状各异的凹坑，习惯上这些凹坑也称为燃烧室。

在柴油机中，有直喷式和分隔式两种燃烧室。直喷式燃烧室活塞顶部会设计出凹坑，混合气体在凹坑内形成；分隔式燃烧室的主燃烧室在气缸内，而副燃烧室则铸在气缸盖中。

在改善燃料燃烧和提高发动机性能方面，燃烧室的形状起着十分重要的作用。不论是汽油机还是柴油机的燃烧室都应满足下列基本要求：

（1）结构紧凑，即燃烧室表面积与其容积之比要小，以减少热损失，提高发动机的热效率；

（2）能增大进气门直径或进气道通过面积以增加进气量，进而提高发动机转矩和功率；

（3）能在压缩行程终点产生挤气涡流，以提高混合气燃烧速度，保证混合气得到及时和充分燃烧。

此外，汽油机的燃烧室还应保证火焰传播距离最短，以防止发生不正常燃烧。柴油机的燃烧室的形状还应与燃油喷射、空气涡流运动进行良好地配合。

9.2 气缸盖建模步骤

气缸盖及气缸垫参数如表 9-1 所示。

表 9-1 气缸盖及气缸垫参数

名称	数据	备注
气缸盖长	566 mm	
气缸盖宽	186 mm	
气缸盖高	115 mm	
气缸盖盒体厚度	5 mm	
燃烧室凸台厚度	15 mm	
燃烧室直径	100 mm	4 个燃烧室一致
燃烧室深度	12 mm	4 个燃烧室一致
进气门座孔直径	36 mm	4 个一致
排气门座孔直径	32 mm	4 个一致
进、排气门导管直径	7 mm	四缸 8 个一致
进、排气门导管厚壁	2 mm	四缸 8 个一致
火花塞座孔直径	13 mm	4 个一致
缸盖连接螺栓孔	8 mm	阵列 15 个
进、排气门导管长度	45 mm	四缸 8 个一致

气缸盖建模步骤如下。

(1) 绘制气缸盖的基础配件。双击 SolidWorks 图标进入主界面，在菜单栏中单击"新建"图标或按<Ctrl+N>组合键，选择"零件"图标之后单击"确定"按钮，如图 9-1 所示，进入 SolidWorks 零件设计界面，在设计树中选择前视基准面。单击"正视于"  图标，如图 9-2 所示，然后选择"草图"→"草图绘制"选项，进入草图绘制界面。

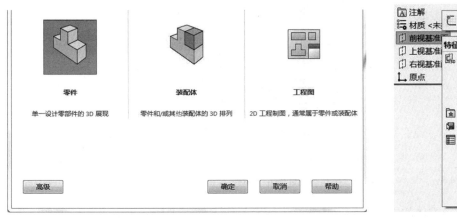

图 9-1 建立文件　　　　　　　　　　图 9-2 选取基准面

(2) 在基准面绘制一个长为 566 mm、宽为 186 mm 的长方形，将长方形中心与原点对齐，如图 9-3 所示。选择"特征"→"拉伸凸台/基体"选项，将其拉伸 100 mm，如图 9-4

139

所示，生成的长方体如图 9-5 所示。选择界面右上方的"插入"→"特征"→"特征"→"抽壳"选项，选择上端面，如图 9-6 所示，得到一个边缘厚度为 5 mm 的气缸盖。

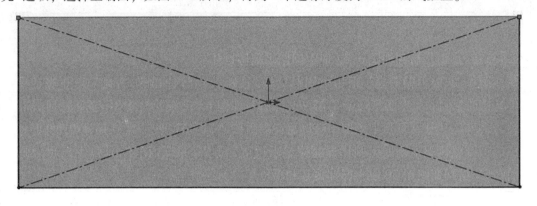

图 9-3　草图

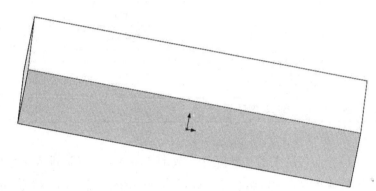

图 9-4　拉伸切除　　　　　　　图 9-5　拉伸后形成的长方体

图 9-6　抽壳

(3)选择长方体的下端面作为基准面，绘制与长方体下端面同等大小的长方形，选择"特征"→"拉伸凸台/基体"选项，将其拉伸 15 mm，如图 9-7 所示。至此，气缸盖的基础外形三维机件形成。

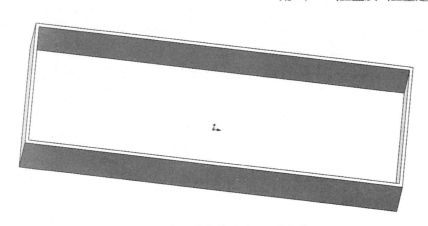

图 9-7 气缸盖的基础外形三维机件

（4）绘制燃烧室。在气缸盖下端面绘制构造线作为定位点，单击"直线"图标中的"下三角"符号，选择"中心线"选项，如图 9-8 所示，在气缸盖下端面中线位置处绘制长 15 mm 的构造线，向左右延长 75 mm、200 mm、−75 mm、−200 mm，并在这四个端点处向上绘制 47 mm 的构造线，完成燃烧室定位点的绘制，如图 9-9 所示。

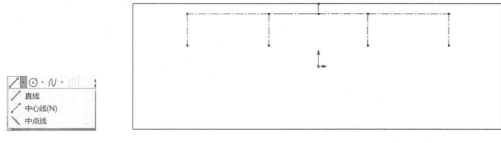

图 9-8　中心线　　　　　　　　图 9-9　绘制定位点

（5）以四个定位点为圆心绘制四个圆，并与上面的构造线相切。选择"特征"→"拉伸切除"选项，拉伸切除为"12.00 mm"，如图 9-10 所示。气缸盖燃烧室的基础模型如图 9-11 所示。

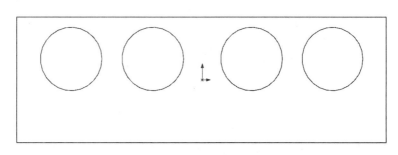

图 9-10　拉伸切除　　　　　　　图 9-11　燃烧室基础模型

（6）绘制燃烧室内的气门座孔。以燃烧室底面为基准面，在圆心处水平向左右方向各绘制长 20 mm 的构造线，并在左右端点处分别向下绘制长度为 16 mm 的构造线，如图 9-

12 所示。之后，在端点处绘制 2 个半径分别为 18 mm、16 mm 的圆。两个圆心相距 40 mm，距原点最远为 220 mm。选择"特征"→"拉伸切除"选项，将半径为 18 mm 和 16 mm 的圆拉伸切除 6 mm，如图 9-13 所示。至此，进、排气孔基础模型绘制完成。

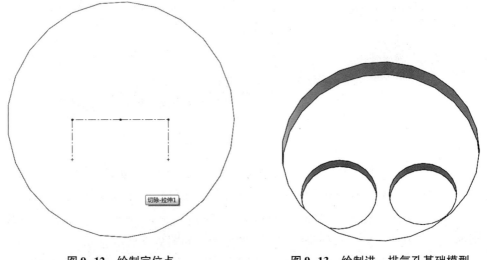

图 9-12　绘制定位点　　　　　　图 9-13　绘制进、排气孔基础模型

（7）以进、排气孔为基准面，并以此为圆心绘制半径为 3.5 mm 的圆，选择"特征"→"拉伸切除"选项，终止条件选择"完全贯穿"选项，如图 9-14 所示，单击 ✓ 按钮得到如图 9-15 所示的气门座孔。

 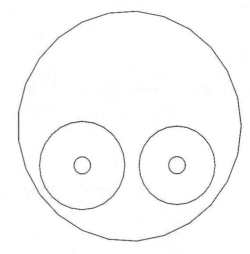

图 9-14　拉伸切除　　　　　　图 9-15　气门座孔

（8）绘制剩余三个燃烧室的气门座孔，选择"特征"→"线性阵列"选项，间距设为"125.00 mm"，阵列方向为气缸盖长轴，阵列数为 2，如图 9-16 所示，单击 ✓ 按钮生成如图 9-17 所示的阵列特征。

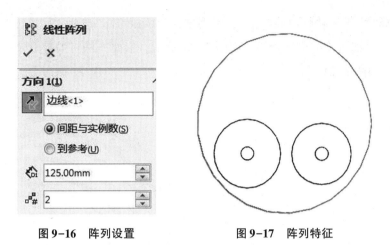

图 9-16 阵列设置　　　　图 9-17 阵列特征

(9)重复以上步骤,选择"特征"→"线性阵列"选项,间距设为 275 mm,阵列方向为气缸盖长轴,阵列数为 2,单击✓按钮生成阵列特征。至此,燃烧室基础模型绘制完成,如图 9-18 所示。

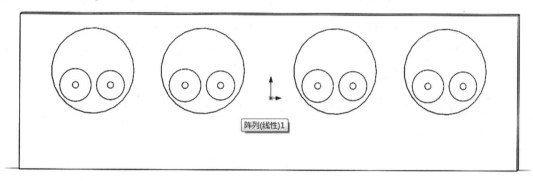

图 9-18 燃烧室基础模型

(10)绘制火花塞螺纹孔。以燃烧室圆点为圆心并以燃烧室底面为基准面,在每个燃烧室绘制圆,选择"特征"→"拉伸切除"选项,终止条件选择"完全贯穿"选项。火花塞螺纹孔基础模型如图 9-19 所示。

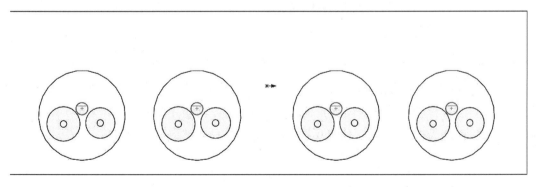

图 9-19 火花塞螺纹孔基础模型

(11)选择"特征"→"螺纹线"选项,类型选择"Metric Tap"选项,尺寸选择"M16×1.5"选项,勾选"拉伸螺纹线"单选按钮,如图9-20所示。依此方法将另外三个火花塞座孔绘制成螺纹孔,如图9-21所示。

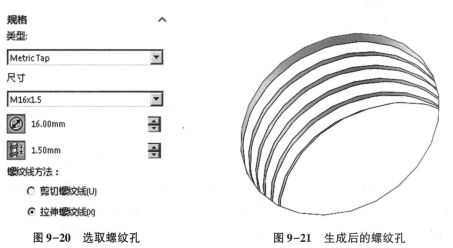

图 9-20　选取螺纹孔　　　　　　图 9-21　生成后的螺纹孔

(12)绘制气门室。以气缸盖盒体内部平面为基准面,单击"草图绘制",绘制一长方形,并与内部端面重合,如图9-22所示。选择"特征"→"拉伸凸台/基体"选项,选择拉伸长度为 25 mm,所选轮廓为盒体底部。

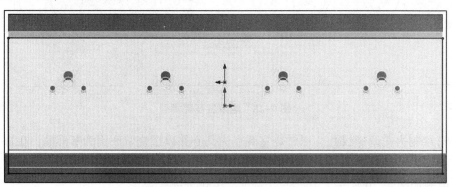

图 9-22　绘制盒体内部长方形

(13)以气缸盖盒体内部平面为基准面,以气门座孔圆点为圆心,依次绘制半径为 11.5 mm 的圆。选择"特征"→"拉伸切除"选项,拉伸切除厚度为 1 mm,得到凹槽。以气缸盖盒体内部凹槽平面为基准面,并以此为圆心,依次绘制半径为 5.5 mm 的圆,选择"特征"→"拉伸凸台/基体"选项,设置拉伸距离为 45 mm,勾选"薄壁特征"复选框,方向选择"向内",厚度为 2 mm,得到如图9-23所示的气门导管模型。

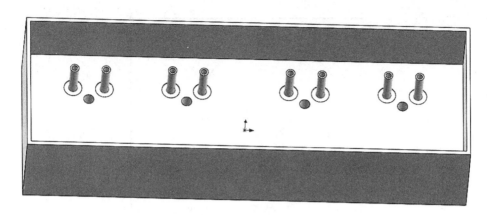

图9-23 气门导管模型

(14)绘制油道孔。在气缸盖上端面绘制构造线作为定位点,单击"直线"图标中的"下三角"符号,选择"中心线",在气缸盖上端面中线位置处绘制长19 mm的构造线,并向左右延长60 mm、200 mm、-80 mm、-220 mm,完成油道孔定位点的绘制,如图9-24所示。

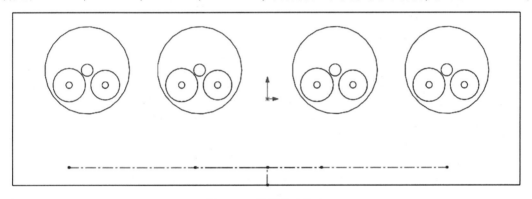

图9-24 油道孔定位点

(15)在每个定位点处绘制半径为4 mm的圆,并于进气门座孔对应的位置绘制半径为3.5 mm的定位圆孔,退出草图后选择"特征"→"拉伸切除"选项,终止条件选择"完全贯穿"选项,得到如图9-26所示的油道孔和定位孔。

(16)在气缸盖上端面绘制构造线作为定位点,单击"直线"图标中的"下三角"符号,选择"中心线",在气缸盖上端面中线位置处绘制长为21.492 mm、宽为19.136 mm的构造线,并以此为圆心,绘制直径为8.92 mm的圆,如图9-25所示。单击"线性阵列"图标,设置如图9-26所示的参数,退出草图后选择"特征"→"拉伸切除"选项,终止条件选择"完全贯穿"选项,得到如图9-27所示的固定螺栓盲孔。

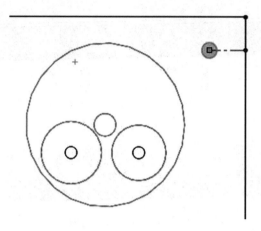

图 9-25 定位点

图 9-26 草图线性阵列

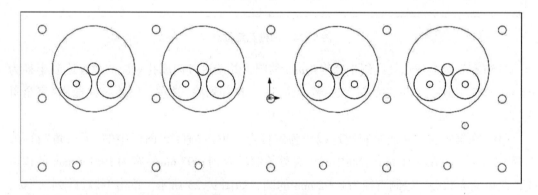

图 9-27 固定螺栓盲孔

(17) 绘制凸轮轴支撑座。以气缸盖内部为基准面,选中一缸火花塞螺纹孔圆心为端点,沿上方绘制长为 16 mm 的构造线,并绘制 42 mm×16 mm 的长方形,如图 9-28 所示。选择"特征"→"拉伸凸台/基体"选项,拉伸 80 mm,得到如图 9-29 所示的凸轮轴支撑座基础模型。

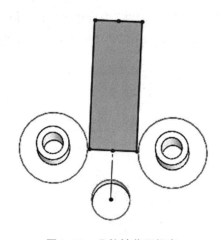
图 9-28 凸轮轴草图轮廓

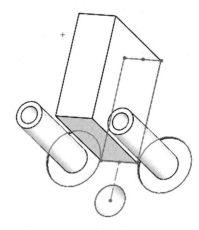
图 9-29 凸轮轴支撑座基础模型

（18）以凸轮轴支撑座基础模型为基准面，在中点向下处绘制长为 18.1 mm 的构造线，以定位点为圆心，在端点处绘制半径为 15.1 mm 的圆，如图 9-30 所示，退出草图后选择"特征"→"拉伸切除"选项，厚度设为 16 mm，得到如图 9-31 所示的圆孔。

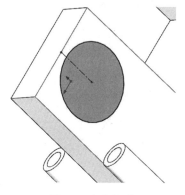
图 9-30 定位孔

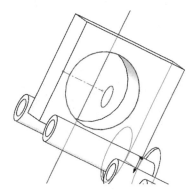
图 9-31 圆孔

（19）单击凸轮轴支撑座上端面，绘制一个与上端面完全一致的长方形，退出草图绘制后选择"特征"→"拉伸切除"选项，厚度设为 18.1 mm，得到如图 9-32 所示的凸轮轴支撑座。

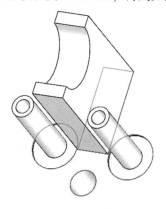
图 9-32 凸轮轴支撑座

(20)以气缸盖下端面绘制的构造线作为定位点,单击"直线"图标中的"下三角"符号,选择"中心线",绘制如图9-33所示的中线,以中线中点为圆心,绘制两个半径为2 mm的圆孔,如图9-34所示。

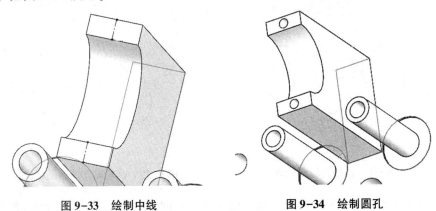

图9-33 绘制中线　　　　　　　图9-34 绘制圆孔

(21)选择"特征"→"螺纹线"选项,类型选择"Metric Tap"选项,尺寸选择"M8×1"选项,勾选"剪切螺纹线"单选按钮,深度设为20 mm,生成螺纹孔,如图9-35所示。另一个圆孔重复此步骤。

图9-35 螺纹孔

(22)单击"线性阵列"图标,将凸轮轴支撑座的所有特征勾选,方向沿气缸盖的长边,间距设为"125.00 mm",阵列数为"2",如图9-36所示。然后阵列此凸轮轴支撑座,间距为275 mm,得到如图9-37所示的三维图形。

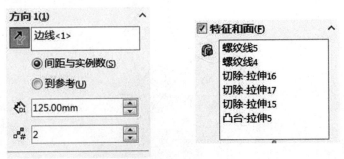

图9-36 阵列设置

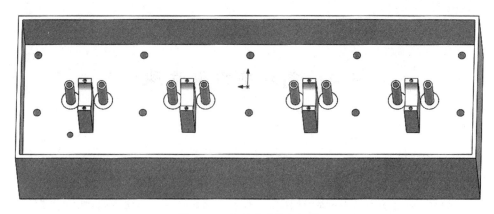

图 9-37　绘制完成的气缸盖

9.3　气缸垫概述

气缸垫是机体顶面与气缸盖底面之间的密封件，其作用是保持气缸密封不漏气，保证由机体流向气缸盖的冷却液和机油不泄漏。气缸垫承受拧紧气缸盖螺栓产生的压力，并受到气缸内燃烧气体高温、高压的作用以及机油和冷却液的腐蚀。

气缸垫应该具有足够的强度，并且要耐压、耐热和耐腐蚀。另外，还需要有一定的弹性，以补偿机体顶面和气缸盖底面的粗糙度和不平度，以及发动机工作时气缸盖受气体力产生的变形。

气缸垫的分类及结构有多种。按所用材料的不同，可将气缸垫分为金属-石棉衬垫、金属-复合材料衬垫和全金属衬垫等。金属-石棉衬垫以石棉为基体，外包铜皮或钢皮；另一种金属-石棉衬垫是以扎孔钢板为骨架，外覆石棉及黏结剂压制而成。所有金属-石棉衬垫均在气缸孔、冷却液孔和机油孔周围用金属板包边。为了防止高温燃气烧蚀衬垫，还可在金属包边内置入金属加强环。金属-石棉衬垫具有良好的弹性和耐热性，能重复使用多次。将石棉板在耐热的黏合剂中浸渍后，可增加衬垫的强度。金属-复合材料衬垫在钢板的两面涂覆了耐热、耐压和耐腐蚀的新型复合材料，在气缸孔、冷却液孔和机油孔周围用不锈钢皮包边。全金属衬垫强度高，抗腐蚀能力强，多用于强化程度较高的发动机。金属-复合材料衬垫和全金属衬垫均属无石棉气缸衬垫，由于没有石棉夹层，因此可消除衬垫中气囊的产生，同时减少了工业污染，是当前气缸垫的发展方向。

9.4 气缸垫建模步骤

气缸垫建模步骤如下。

(1)双击 SolidWorks 图标进入主界面,在菜单栏中单击"新建"图标或按<Ctrl+N>组合键,选择"零件"图标之后单击"确定"按钮,如图 9-38 所示,进入 SolidWorks 零件设计界面。在设计树中选择前视基准面,单击"正视于" 图标,然后选择"草图"→"草图绘制"选项,进入草图绘制界面。

图 9-38 建立模型

(2)选择任意一个基准面绘制一个长为 566 mm、宽为 186 mm 的长方形。选择"特征"→"拉伸凸台/基体"选项,将其拉伸 5 mm,如图 9-39 所示。

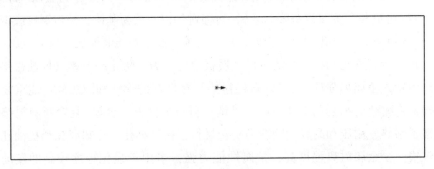

图 9-39 拉伸长方形

在拉伸出的长方形上绘制以下三种类型的圆孔。

第一类:四个与气缸体缸筒半径 47 mm 相等的圆,圆边距离气缸垫下边缘均为 15 mm,圆心距离原点分别是 200m、75 mm、-75 mm、-200 mm。

第二类:一个半径为 3.5 mm 的定位孔,该孔与气缸体的定位孔半径、位置完全一致。

第三类：四个半径为 4 mm 的圆孔，四孔分别与气缸体的油孔半径、位置完全一致。

（3）在气缸垫下端面绘制构造线作为定位点，单击"直线"图标中的"下三角"符号，选择"中心线"，在气缸垫下端面中线位置处绘制长 15 mm 的构造线，向左右延长 75 mm、200 mm、-75 mm、-200 mm，并在这四个端点处向上绘制长 47 mm 的构造线，完成燃烧室定位点的绘制，如图 9-40 所示。

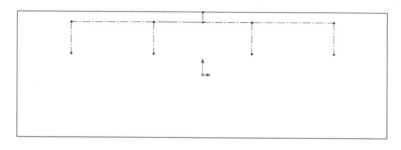

图 9-40　绘制构造线

（4）以四个定位点为圆心绘制四个圆，并与上面的构造线相切。选择"特征"→"拉伸切除"选项，终止条件选择"完全贯穿"选项。气缸垫基础模型如图 9-41 所示。

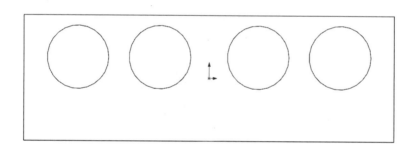

图 9-41　气缸垫基础模型

（5）在气缸垫上端面绘制构造线作为定位点，单击"直线"图标中的"下三角"符号，选择"中心线"，在气缸垫上端面中线位置处绘制长 19 mm 的构造线，并向左右延长 60 mm、200 mm、-80 mm、-220 mm，完成油道孔定位点的绘制。

（6）在每个定位点处绘制一半径为 4 mm 的圆，并与进气门座孔对应的位置绘制一半径为 3.5 mm 的定位圆孔，如图 9-42 所示。退出草图后选择"特征"→"拉伸切除"选项，终止条件选择"完全贯穿"选项，得到如图 9-43 所示的油道孔和定位孔。

图 9-42　油道孔定位点

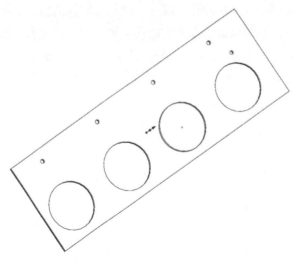

图 9-43 油道孔和定位孔

(7) 在气缸垫上端面绘制构造线作为定位点,单击"直线"图标中的"下三角"符号,选择"中心线",在气缸垫上端面中线位置处绘制长为 21.492 mm、宽为 19.136 mm 的构造线,并以此为圆心,绘制直径为 8.92 mm 的圆。单击"线性阵列"图标,设置参数,如图 9-44 所示。退出草图后选择"特征"→"拉伸切除"选项,终止条件选择"完全贯穿"选项,得到固定螺栓盲孔,如图 9-45 所示。

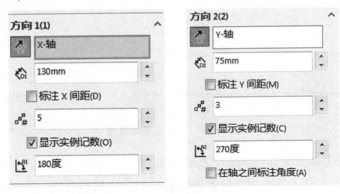

图 9-44 草图线性阵列

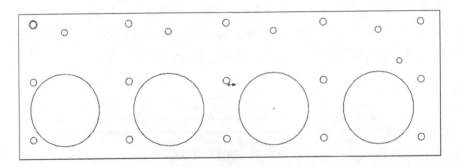

图 9-45 固定螺栓盲孔

(8)单击"倒圆角"图标,对气缸盖中所有的圆和边线进行半径为 1 mm 的倒圆角,使气缸垫的圆孔和边角完全圆角化。圆角修饰完成后的气缸垫如图 9-46 所示。至此,气缸垫制作完成。

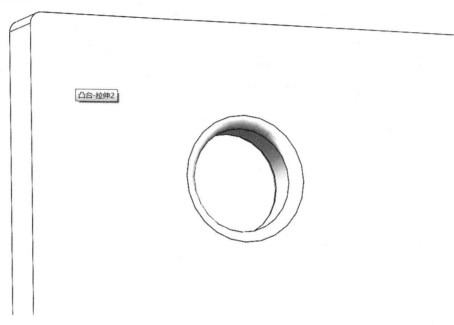

图 9-46　圆角修饰后的气缸垫

第10章 气门组建模

10.1 配气机构概述

目前,四冲程汽车发动机都采用气门式配气机构。气门式配气机构的功用是按照发动机的工作顺序和工作循环要求,定时开启和关闭各缸的进、排气门,使新气进入气缸,废气从气缸排出。所谓新气,对于汽油机而言就是汽油与空气的混合物,对于柴油机而言则为纯净的空气。

进入气缸内的新气数量(或称进气量)对发动机性能的影响很大。使进气量越多,发动机的有效功率和转矩越大。因此,配气机构首先要保证进气充分,使进气量尽可能多;同时,废气要排出干净,因为气缸内残留的废气越多,进气量将会越少。此外,配气机构的运动件应该具有较小的质量和较大的刚度,从而使配气机构具有良好的动力特性。

气门式配气机构由气门组和气门传动组两部分组成,每组的零件组成与气门的位置、轮轴的位置和气门驱动形式等有关。现代汽车发动机均采用顶置气门,即进、排气门置于气缸盖内,倒挂在气缸顶上。凸轮轴的位置分为下置式、中置式和上置式。气门驱动形式则有摇臂驱动、摆臂驱动和直接驱动三种。

10.2 气门弹簧建模步骤

气门组参数如表 10-1 所示。

表 10-1 气门组参数

名称	数据	备注
进气门头部直径	36 mm	
排气门头部直径	32 mm	
气门杆直径	6.8 mm	偏移 14.6 mm(12.6 mm)
气门杆长度	84 mm	
气门头部厚度	7 mm	
气门工作锥面宽度	5 mm	
气门工作锥面角度	45°	
气门头部与杆间倒圆角半径	5 mm	
气门杆尾凹槽宽度	1.6 mm	
气门杆尾凹槽深度	1.2 mm	
气门杆尾倒角长度	0.5 mm	角度为 45°
气门弹簧高度	60 mm	
气门弹簧螺距	6 mm	
气门弹簧外径	30 mm	

气门弹簧的功用是保证气门关闭时能紧密地与气门座圈贴合,并克服在气门开启时配气机构产生的惯性力,使传动件始终受凸轮控制而不互相脱离。

由于气门弹簧在工作时承受交变载荷,因此它应具有合适的刚度和足够的抗疲劳强度。气门弹簧通常采用高碳锰钢、铬钒钢等优质冷拔弹簧丝制造并经热处理,为提高其疲劳强度,钢丝表面已经抛光或抛丸处理。为了避免气门弹簧锈蚀,其表面应镀锌、磷化或者发蓝,且两个端面必须磨光与弹簧轴线相垂直。

气门弹簧建模步骤如下。

(1)双击 SolidWorks 图标进入主界面,在菜单栏中单击"新建"图标或按<Ctrl+N>组合键,选择"零件"图标之后单击"确定"按钮,如图 10-1 所示,进入 SolidWorks 零件设计界面。在设计树中选择"前视基准面"选项,单击"正视于"图标,如图 10-2 所示,然后选择"草图"→"草图绘制"选项，进入草图绘制界面。

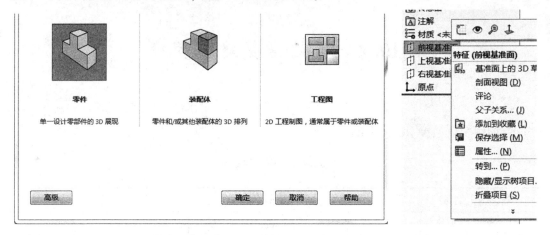

图 10-1　建立文件　　　　　　　　　　　　　图 10-2　选取基准面

(2)在一基准面上作直径为 30 mm 的圆，选择"插入"→"曲线"→"螺旋线/涡状线"选项，如图 10-3 所示，得到如图 10-4 所示的设置参数界面。定义方式选择"高度和螺距"，高度设为"60 mm"，螺距为"6.00 mm"，起始角度为"0.00 度"，选择"逆时针(W)"单选按钮，单击✓按钮后得到的螺旋线，如图 10-5 所示。

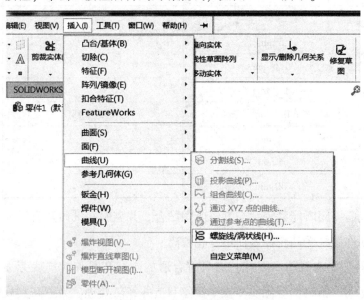

图 10-3　创建螺旋线　　　　　　　　　　　　图 10-4　设置参数

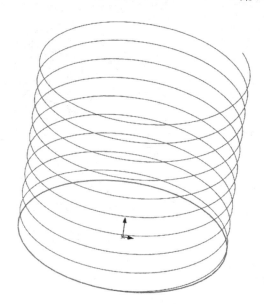

图 10-5 螺旋线

(3)选择"特征"→"参考几何体"→"基准面"选项,其中第一参考选择螺旋线,第二参考选择螺旋线的一端点,单击✓按钮,得到垂直于端面的基准面,在基准面中以端点为圆心作一个半径为 2 mm 的圆,如图 10-6 所示。

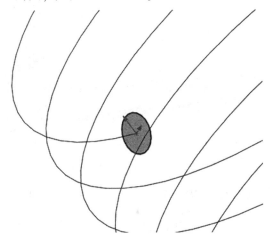

图 10-6 螺旋线端口上的圆

(4)选择"特征"→"扫描"选项,显示如图 10-7 所示的设计界面,轮廓选择螺旋线端点上的圆,路径选择螺旋线,单击✓按钮,得到如图 10-8 所示的 3D 螺旋线。

 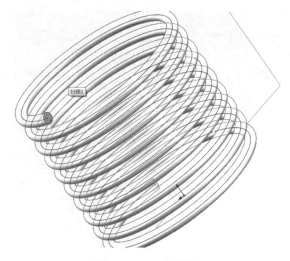

图 10-7　设置参数　　　　　　　　图 10-8　3D 螺旋线

（5）在之前的基准面 1 上绘制一矩形，长度应大于弹簧外径。选择"特征"→"拉伸切除"选项，设定深度时应大于弹簧外径，单击 ✓ 按钮得到如图 10-9 所示的气门弹簧，但此时的气门弹簧头尾部有毛刺，需要选择"特征"→"圆角"选项，选择被切除的剩余平面，圆角参数的半径可设为 1 mm，如图 10-10 所示。

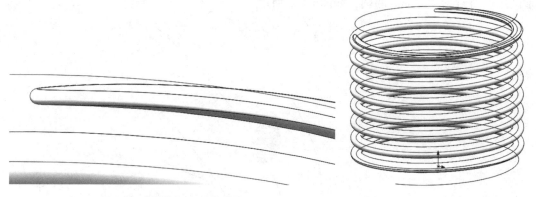

图 10-9　拉伸切除后的弹簧　　　　　图 10-10　圆角处理后的弹簧

（6）用同样的方法"切平"另一端弹簧，则得到所要的气门弹簧。

10.3　气门建模步骤

气门的工作条件非常恶劣。首先，气门直接与高温燃气接触，受热严重，且散热困难。排气门最高温度可达 600°~800 ℃，进气门由于受到新气的冷却温度稍低，为 300°~400 ℃。其次，气门承受气体力和气门弹簧的作用，以及由于配气机构运动件的惯性力，因此气门落座时会受到冲击。再次，气门在润滑条件很差的情况下以极高的速度启闭并在气门导管内做高速往复运动。此外，气门与高温燃气中有腐蚀性的气体接触因此容易受到腐蚀。

根据气门的工作条件，要求气门材料应具有下列特性：

(1) 耐热且有良好的导热性；

(2) 在高温下仍能保持足够的硬度和强度，耐冲击；

(3) 耐磨损和耐腐蚀。

进气门一般用中碳合金钢制造，如铬钢、铬钼钢和镍铬钢等。排气门则采用耐热合金钢制造，如硅铬钢、硅铬钼钢、硅铬锰钢等。高度强化的发动机趋于用 21-4N 奥氏体钢和铬镍钨钼钢。

为了节省耐热合金钢，有的排气门头部用耐热合金钢，杆部用普通合金钢制造，然后将二者对焊在一起。还有在排气门的气门锥面上堆焊或喷涂一层钨钴合金，以提高其硬度、耐磨性等。

气门建模步骤如下。

(1) 双击 SolidWorks 图标进入主界面，在菜单栏中单击"新建"图标或按<Ctrl+N>组合键，选择"零件"图标之后单击"确定"按钮，如图 10-11 所示，进入 SolidWorks 零件设计界面。在设计树中选择前视基准面，单击"正视于"图标，如图 10-12 所示，然后选择"草图"→"草图绘制"选项，进入草图绘制界面。

图 10-11 建立文件　　　　　　　　图 10-12 选取基准面

(2) 在一基准面内绘制半径为 18 mm 的圆。选择"特征"→"拉伸凸台/基体"选项，拉伸 7 mm，单击✓按钮，生成如图 10-13 所示的圆柱。接着在圆柱上偏移 14.5 mm 的位置作圆，选择"特征"→"拉伸凸台/基体"选项，拉伸 77 mm，使其方向向上，得到如图 10-14 所示的气门基础模型。

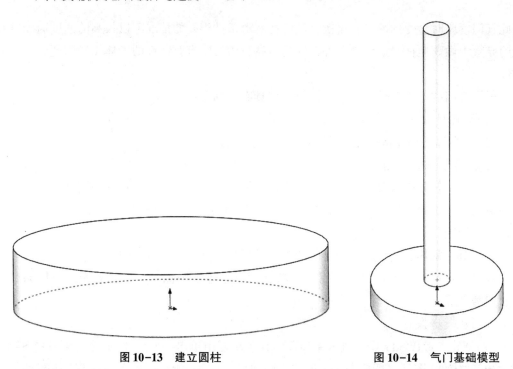

图 10-13　建立圆柱　　　　　图 10-14　气门基础模型

(3) 选择气门边线，选择"特征"→"倒角"选项，要倒角化的项目选择圆柱的上边线，距离设为 5 mm，角度为 45°；选择气门杆底面与气门顶部相交的边线，选择"特征"→"圆角"选项，距离设为 5 mm，得到如图 10-15 所示的模型。

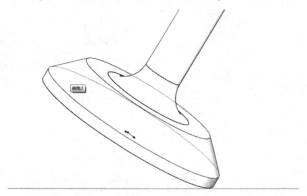

图 10-15　圆角处理后的气门

(4) 选择"特征"→"参考几何体"→"基准面"选项，在气门杆尾端距边线 4 mm 处绘制一基准面，在该基准面中心处画一个半径为 2.5 mm 的圆，选中圆，选择"特征"→"拉伸切除"选项，设定深度为 1.6 mm，勾选反侧切除，单击 ✓ 按钮得到如图 10-16 的气门杆。至此，气门的绘制完成，气门模型如图 10-17 所示。

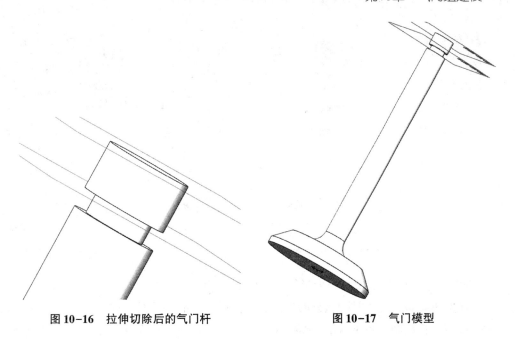

图 10-16 拉伸切除后的气门杆　　　图 10-17 气门模型

10.4　气门弹簧座与锁片建模步骤

气缸盖上与气门锥面相贴合的部位称气门座,其工作温度很高,且承受频率极高的冲击载荷,容易磨损。因此,铝气缸盖和大多数铸铁气缸盖均镶嵌由合金铸铁、粉末冶金或奥氏体钢制成的气门座圈。在气缸盖上镶嵌气门座圈可以延长气缸盖的使用寿命,也有一些铸铁气缸盖不镶嵌气门座圈,而是直接在气缸盖上加工出气门座。

气门座圈是单独制成的零件,以一定的过盈量压入气缸盖上的座孔中。气门座圈的外圆面可以是圆柱面,也可以是锥角不超过120°的圆锥面。在气门座圈的外圆面上加工有环形槽,当气门座圈压入座孔后,气缸盖材料由于塑性变形而嵌入环形槽内,可以防止气门座圈脱落。

气门弹簧座建模步骤如下。

(1)双击 SolidWorks 图标进入主界面,在菜单栏中单击"新建"图标或按<Ctrl+N>组合键,选择"零件"图标之后单击"确定"按钮,如图 10-18 所示。在设计树中选择"前视基准面"选项,单击"正视于"图标,如图 10-19 所示,然后选择"草图"→"草图绘制"选项,进入草图绘制界面。

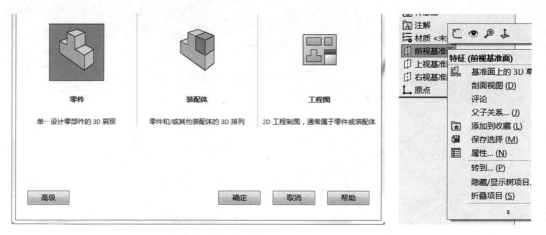

图 10-18 建立文件　　　　　　　　　　　图 10-19 选取基准面

（2）在一基准面的中心绘制一个半径为 12 mm 的圆，选择"特征"→"拉伸凸台/基体"选项，将圆拉伸 4 mm。在圆柱的表面建立一个半径为 7 mm 的圆，选择"特征"→"拉伸凸台/基体"选项，将内圆拉伸 8 mm，如图 10-20 所示。接着在拉伸的位置建立一个半径为 4.3 mm 的圆，选择"特征"→"拉伸切除"选项，将其做成通孔，得到如图 10-21 所示的模型。

（3）在气门弹簧座的底面建立一基准面，画一个半径为 7 mm 的圆，选择"特征"→"拉伸切除"选项，向内切除 3 mm，如图 10-22 所示。

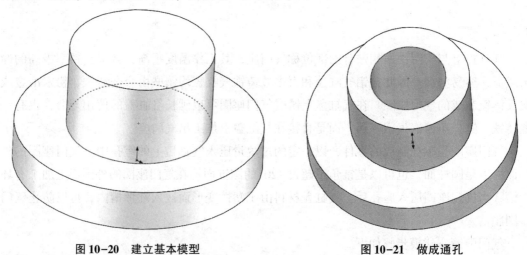

图 10-20 建立基本模型　　　　　　　　　图 10-21 做成通孔

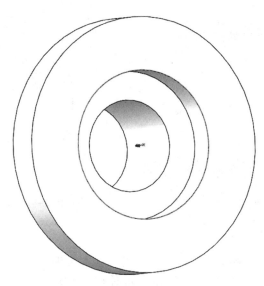

图 10-22　进行拉伸切除

(4)选择"特征"→"拔模"选项,对凸台内圆进行向内拔模 15°,凸台底面为中性面,拔模方向向上,如图 10-23 所示。

(5)选择气门弹簧座的上下圆边线,选择"特征"→"倒角"选项,在弹出的对话框中输入"2.00 mm"和"45°",倒角后的模型如图 10-24 所示。选择气门座圈上端的内圆边线,选择"特征"→"圆角"选项,对气门座圈上端内圆孔进行倒圆角,半径设置为"3.00 mm",模式选择"相切",如图 10-25 所示,预览无误后单击"确定"按钮即可形成气门弹簧座模型。

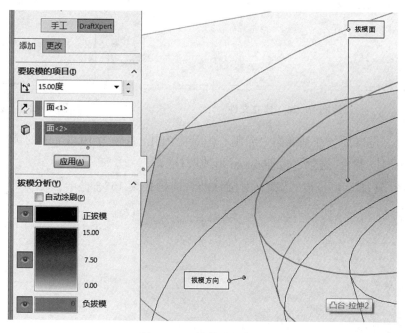

图 10-23　拔模特征参数

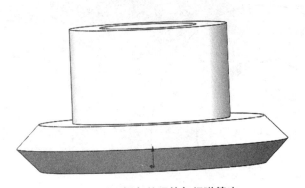
图 10-24　倒角处理的气门弹簧座

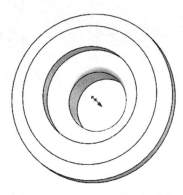
图 10-25　圆角处理后的气门弹簧座

气门弹簧座锥形锁片建模步骤如下。

（1）双击 SolidWorks 图标进入主界面，在菜单栏中单击"新建"图标或按<Ctrl+N>组合键，选择"零件"图标之后单击"确定"按钮，如图 10-26 所示。在设计树中选择"前视基准面"选项，单击"正视于" 图标，如图 10-27 所示，然后选择"草图"→"草图绘制"选项，进入草图绘制界面。

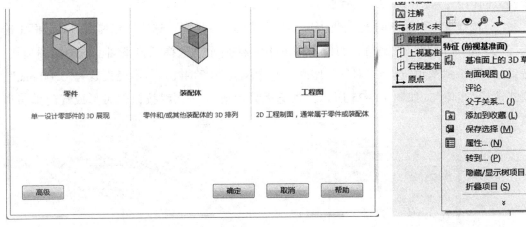

图 10-26　建立文件　　　　　　　　　图 10-27　选取基准面

（2）选择一基准面，在基准面上绘制一弹簧座内孔（直径为 10.8 mm 的圆），选择"特征"→"拉伸凸体/基台"选项，拉伸 6 mm 形成圆柱。

（3）选择"特征"→"拔模"选项，对圆柱凸台向内拔模 15°，凸台顶面为中性面，拔模方向向下，如图 10-28 所示。

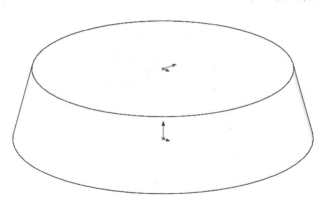

图 10-28　拔模后的模型

（4）在上端面向上偏移 1 mm 的位置作圆，选择"特征"→"拉伸切除"选项，将其做成通孔，如图 10-29 所示。

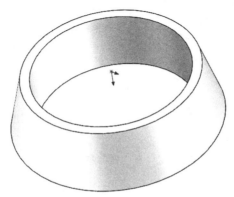

图 10-29　拉伸切除后的模型

（5）在上端面向下 2 mm 的位置作基准面，在基准面上作一个半径为 5 mm 的圆，选择"特征"→"拉伸凸台/基体"选项，在内部作一个长度为 1 mm、厚度为 0.4 mm 的内圆环，如图 10-30 所示。

图 10-30　绘制内圆环

（6）在前视基准面绘制一个矩形，其大小能够完全遮住半个圆台。选择"特征"→"拉伸切除"选项，将圆台的一半切除掉，如图 10-31 所示。

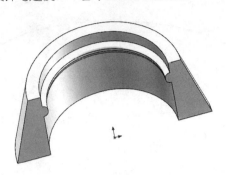

图 10-31　拉伸切除后的锁片

（7）选择"特征"→"圆角"选项，对锁片内部的卡槽进行圆角修饰，半径选择 0.4 mm。至此，锁片模型绘制完成，如图 10-32 所示。

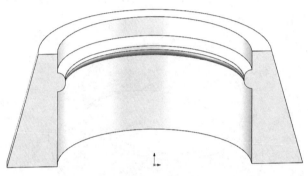

图 10-32　气门弹簧座锥形锁片

气门油封建模步骤如下。

（1）双击 SolidWorks 图标进入主界面，在菜单栏中单击"新建"图标或按<Ctrl+N>组合键，选择"零件"图标之后单击"确定"按钮，如图 10-33 所示。在设计树中选择"前视基准面"选项，单击"正视于" 图标，如图 10-34 所示，然后选择"草图"→"草图绘制"选项，进入草图绘制界面。

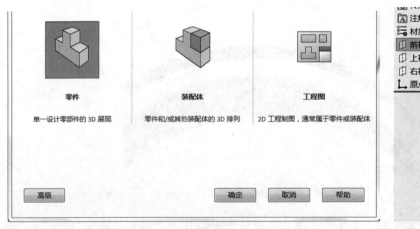

图 10-33　建立文件

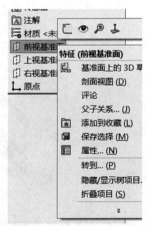

图 10-34　选取基准面

(2)在基准面上绘制一个半径为 11 mm 的圆,选择"特征"→"拉伸凸体/基台"选项,拉伸 12 mm 形成圆柱。

(3)勾选薄壁特征,厚度为 3 mm,形成小圆管基础模型,如图 10-35 所示。

(4)在上端面下 1 mm 的位置绘制一基准面,在基准面上绘制一个半径为 4.5 mm 的圆,选择"特征"→"拉伸切除"选项,深度为 1.40 mm,勾选"反侧切除"复选框,如图 10-36 所示。

(5)在下端面作一向内偏移 1 mm 的圆,选择"特征"→"拉伸切除"选项,深度为 4 mm,勾选"反侧切除"复选框,如图 10-37 所示。

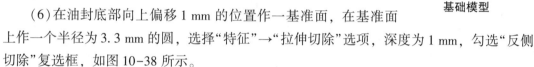

图 10-35 小圆管基础模型

(6)在油封底部向上偏移 1 mm 的位置作一基准面,在基准面上作一个半径为 3.3 mm 的圆,选择"特征"→"拉伸切除"选项,深度为 1 mm,勾选"反侧切除"复选框,如图 10-38 所示。

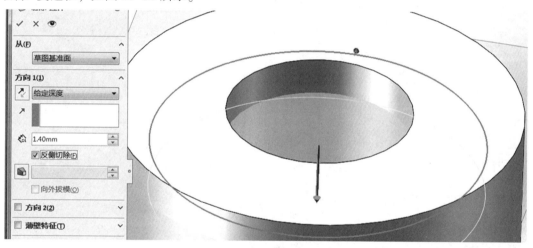

图 10-36 特征参数

图 10-37 拉伸切除后的模型(1)

图 10-38 拉伸切除后的模型(2)

（7）选择"特征"→"圆角"选项，对油封上下端边沿切除 0.5 mm 的倒圆角，完成气门油封的制作，如图 10-39 所示。

图 10-39　气门油封

第11章 气门传动组建模
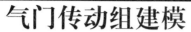

11.1 凸轮轴概述

由于凸轮轴承受周期性的冲击载荷,且凸轮与挺柱之间的接触应力很大,相对滑动速度也很快,因此凸轮工作表面的磨损比较严重。针对这种情况,凸轮轴轴颈和凸轮工作表面除较高的尺寸精度、较小的表面粗糙度和足够的刚度外,还应有较高的耐磨性和良好的润滑度。

凸轮轴通常由优质碳钢或合金钢锻造,也可用合金铸铁或球墨铸铁铸造。轴颈和凸轮工作表面经热处理后磨光。

发动机配气机构中的气门传动组由凸轮轴、凸轮轴正时齿轮、挺柱、推杆、摇臂等组成,其主要作用是使进、排气门按照配气相位规定的时间开启和关闭,从而完成发动机排出废气和充入新气(空气或可燃混合气)的换气过程,使发动机能够持续运转。换气过程是发动机工作过程中不可缺少的组成部分,是决定发动机的性能和经济性的重要环节。换气过程中进入缸内的新鲜充气量越多,燃烧后的发热量也就越多,每次循环所做的功也越多。

四冲程发动机从膨胀做功行程末期排气门开启算起,到进气门完全关闭时为止,在曲轴转角410°~480°范围内的全过程为其换气过程。换气过程由进气过程和排气过程两部分组成。

下面以顶置式配气机构中的上置式凸轮轴为例进行各部件的建模。

11.2 凸轮轴建模步骤

凸轮轴建模参数见表11-1。

表11-1 凸轮轴建模参数

名称	数据	备注
凸轮轴半径	12 mm	全长一致
凸轮轴轴颈半径	13 mm	4个一致
凸轮轴轴颈长度	29 mm	4个一致
凸轮大圆半径	17 mm	
凸轮小圆半径	5 mm	
凸轮大小圆圆心距	22 mm	
每缸两凸轮间距	20 mm	
凸轮宽度	19 mm	8个一致
凸轮角度	120°	
凸轮轴后端轴颈长度	18 mm	
凸轮轴后端凸台半径	16.5 mm	
凸轮轴后端凸台长度	4 mm	
凸轮轴后端凸台过渡圆半径	15.5 mm	
凸轮轴后端凸台过渡圆长度	2 mm	
凸轮轴前端凸台半径	16 mm	
凸轮轴前端凸台长度	9 mm	
凸轮轴前端轴半径	11 mm	
凸轮轴前端轴长度	17 mm	
凸轮轴前端轴孔半径	6 mm	
凸轮轴前端轴孔深度	42 mm	
凸轮轴前端轴孔螺距	1 mm	螺纹孔深42 mm
凸轮轴前端半圆键圆心距端面距离	8.5 mm	
凸轮轴前端半圆键半径	3 mm	
凸轮轴前端半圆键宽度	4 mm	

续表

名称	数据	备注
凸轮轴后端中心孔半径	6 mm	
凸轮轴后端中心孔深度	12 mm	
圆角	2 mm	整个凸轮轴一致
倒角	1 mm	整个凸轮轴一致

(1)打开 SolidWorks 主界面,新建一个零件图。

(2)从三个基准面中任意选择一个基准面(这里以前视基准面为例),单击"视图定向" 图标,让前视基准面正对着自己,如图 11-1 所示。进入草图,单击"圆(R)" 图标,以前视基准面坐标原点为圆心,画一半径为"16.50 mm"的圆,如图 11-2 所示。

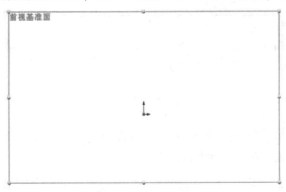

图 11-1 基准面

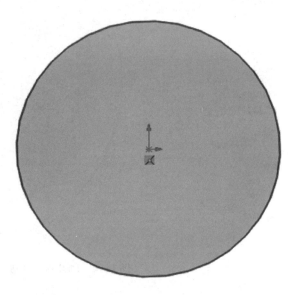

图 11-2 圆的绘制

单击"特征"栏中的"拉伸凸台/基体" 图标进行拉伸,拉伸长度为 4 mm,然后按 <Enter> 键或单击右上角或左边的 ✓ 按钮,如图 11-3 所示。

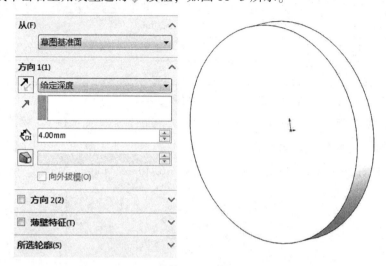

图 11-3 定义凸台

单击"草图"栏中的"圆(R)" ⊙ ·图标,以凸台的一个端面为基准面,以中间原点为圆心画一半径为"13.00 mm"的圆,如图 11-4 所示。

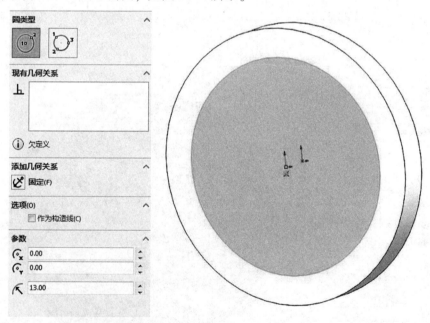

图 11-4 轴颈圆的绘制

单击"特征"栏中的"拉伸凸台/基体" 图标进行拉伸,拉伸长度为"9.00 mm",如图 11-5 所示,然后按 <Enter> 键或单击右上角或左边的 ✓ 按钮。

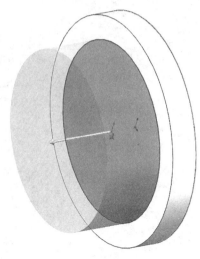

图11-5 轴颈拉伸

(3)单击"特征"栏中的"镜像" 镜像图标,以新建轴颈端面(面<1>)为基准面,要镜像的特征为:凸台-拉伸4、凸台-拉伸2,勾选"几何体阵列"和"延伸现象属性"复选框,选中"部分预览"单选按钮,如图11-6所示,然后按<Enter>键或单击右上角或左边的✓按钮。

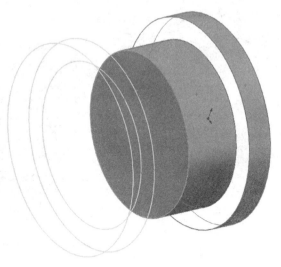

图11-6 轴颈镜像

(4)单击"草图"栏中的"圆(R)"图标,以新建凸台的端面为基准面,以中间原点为圆心画一半径为"15.50 mm"的圆,如图11-7所示。

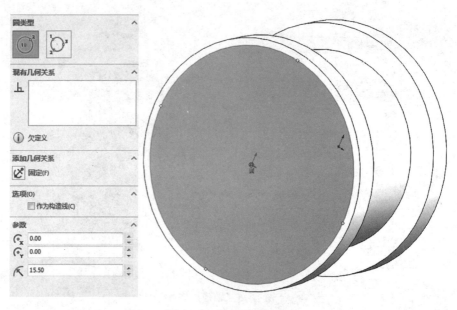

图 11-7 过渡圆的绘制

单击"特征"栏中的"拉伸凸台/基体" 图标进行拉伸,拉伸长度为"2.00 mm",如图 11-8 所示,然后按<Enter>键或单击右上角或左边的✔按钮。

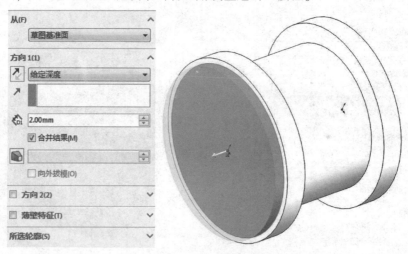

图 11-8 过渡圆拉伸

(5)单击"视图定向" 图标,使新建过渡圆凸台端面正对着自己。单击"草图"栏中的"圆(R)" 图标,以新建凸台端面为基准面,以中间原点为圆心画一半径为"17.00 mm"的圆,如图 11-9 所示。

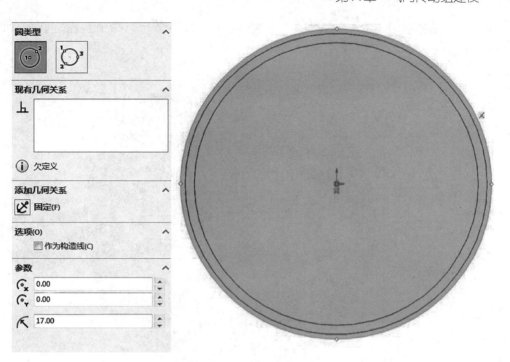

图 11-9 凸轮大圆绘制

单击"直线" 图标,以圆心为端点画一条直线段,按<Esc>键结束画线。单击该直线段,在左边线条属性中设置线条长度为"22.00 mm",角度为"0.00°",按<Enter>键确认,如图 11-10 所示。

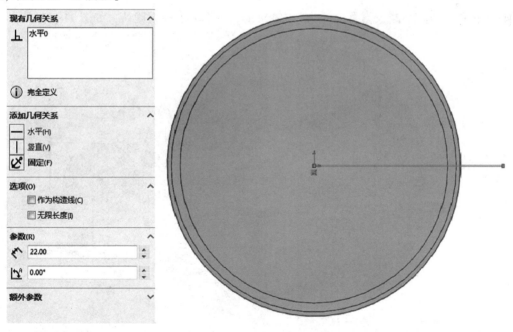

图 11-10 定位直线的绘制

单击"圆(R)" 图标,以直线的终止点为圆心,画一半径为"5.00 mm"的圆,如图 11-11 所示。

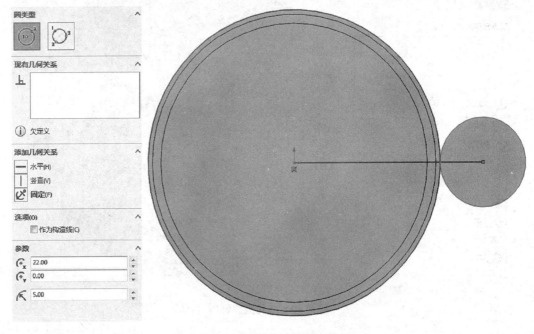

图 11-11 凸轮小圆的绘制

单击"智能尺寸" 图标,先单击凸轮大圆,设置尺寸为"34.00 mm",按<Enter>键确认,再单击凸轮小圆,设置尺寸为"10.00 mm",按<Enter>键确认,如图 11-12 所示。

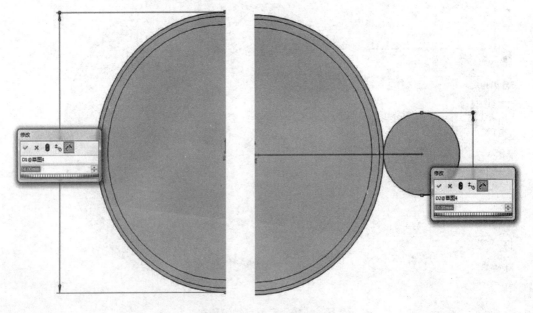

图 11-12 尺寸的限制

单击"直线" /· 图标,在圆的两侧绘制出任意长度的两条直线段,如图11-13所示。

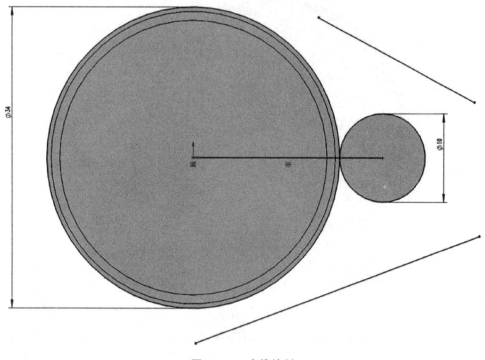

图11-13 直线绘制

单击"显示/删除几何关系" 图标中的"下三角"符号,选择"添加几何关系",再单击大圆和一条直线,选择几何关系为"相切",单击右上角或左边的✓按钮,如图11-14所示。

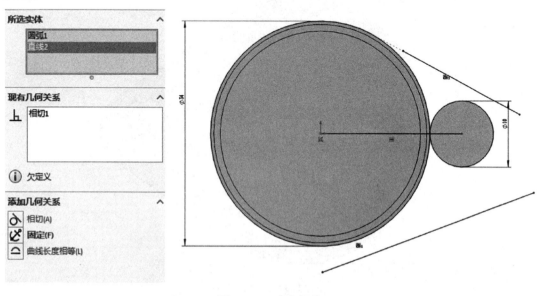

图11-14 定义切线

· 177 ·

重复上述步骤，定义凸轮切线，如图 11-15 所示。

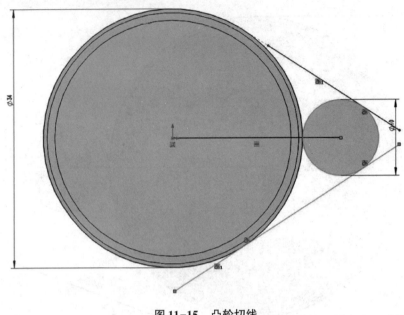

图 11-15 凸轮切线

定义完切线后，如遇到图 11-15 中直线长度不够的情况，可单击"草图"栏中"剪裁实体"图标中的"下三角"符号，选择"延伸实体"，通过单击要延伸直线的一端，完成延伸；再单击"草图"栏中的"剪裁实体"图标中的"下三角"符号，选择"剪裁实体（T）"选项，通过单击多余的线段，剪裁完所有多余的线段，如图 11-16 所示。

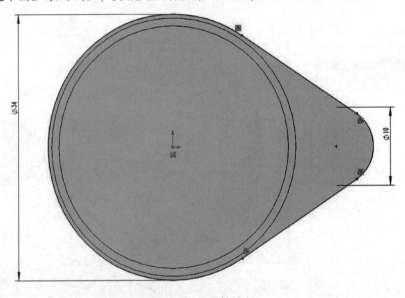

图 11-16 凸轮绘制

单击"特征"栏中的"拉伸凸台/基体"图标进行拉伸，拉伸长度为"19.00 mm"，如图 11-17 所示，然后按<Enter>键或单击右上角或左边的 ✓ 按钮。

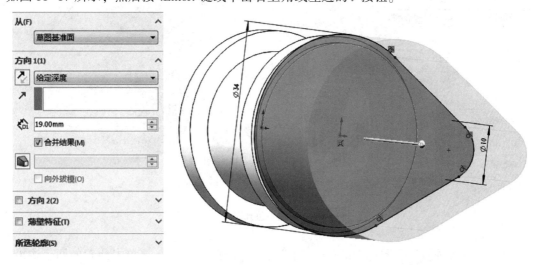

图 11-17　凸轮拉伸

（6）单击"草图"栏中的"圆(R)"图标，以新建凸轮的端面为基准面，以中间原点为圆心画一半径为"12.00 mm"的圆，如图 11-18 所示。

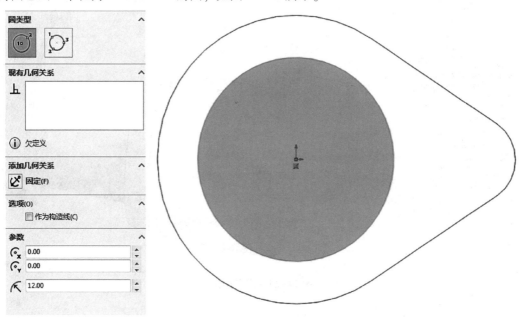

图 11-18　轴段的绘制

单击"特征"栏中的"拉伸凸台/基体"图标进行拉伸，拉伸长度为"10.00 mm"，如图 11-19 所示，然后按<Enter>键或单击右上角或左边的 ✓ 按钮。

· 179 ·

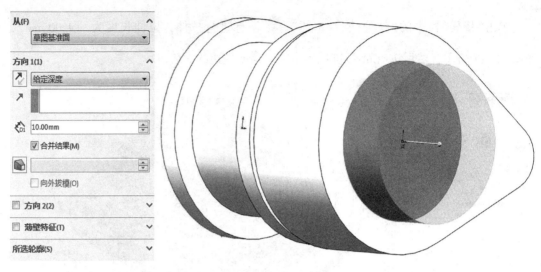

图 11-19 轴段拉伸

(7)单击"圆角"图标中的"下三角"符号,选择"倒角",再单击凸轮的两个边沿,左侧设计倒角参数距离为"1.00 mm",角度为"45.00 度",如图 11-20 所示,然后按<Enter>键或单击右上角或左边的✓按钮。

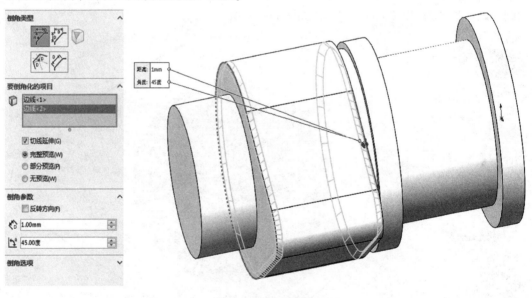

图 11-20 定义倒角

单击"圆角"图标,再单击凸轮与轴段的交线,左侧设计圆角参数半径为"2.00 mm",如图 11-21 所示,然后按<Enter>键或单击右上角或左边的✓按钮。

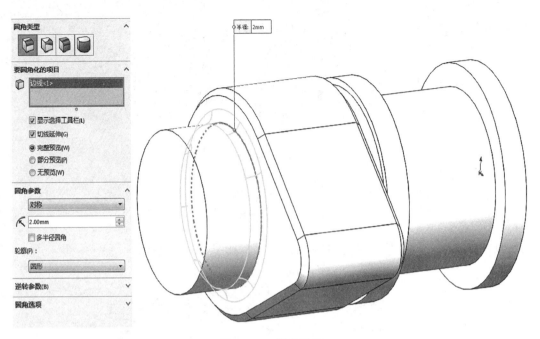

图 11-21 定义圆角

(8) 单击"镜像" 镜像图标，以轴段端面为镜像面，要镜像的特征为凸台-拉伸5、圆角1、倒角1、凸台-拉伸4(轴段、圆角、两个倒角、凸轮)，勾选"几何体阵列"和"延伸视象属性"复选框，选中"部分预览"单选按钮，如图11-22所示，然后按<Enter>键或单击右上角或左边的✓按钮。

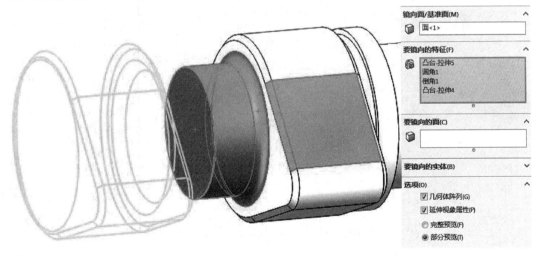

图 11-22 凸轮镜像

单击"参考几何体"图标中的"下三角"符号，选择"基准轴"，再单击新建凸轮的端面和侧面，然后按<Enter>键或单击右上角或左边的✓按钮，基准轴便建立完成，如图11-23所示。

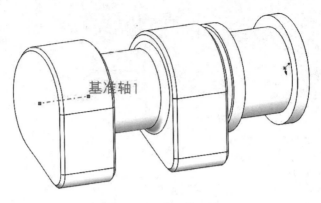

图 11-23　建立基准轴

(9) 选择"插入"→"特征"→"分割(L)"选项，如图 11-24 所示。

图 11-24　选择分割命令

在左侧 Property Manager 参数项目中，剪裁工具选择镜像的凸轮的两个端面，所产生实体选择轴段，取消勾选"消耗切除实体(U)"复选框，如图 11-25 所示，然后按<Enter>键或单击右上角或左边的✔按钮。

第11章 气门传动组建模

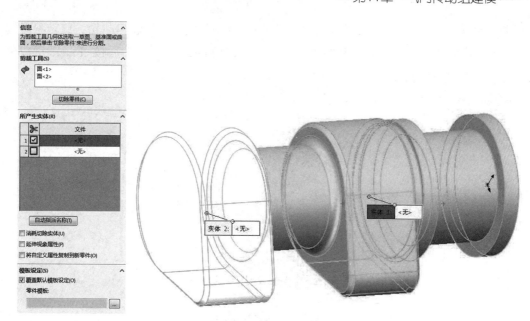

图 11-25 分割实体

选择"插入"→"特征"→"移动/复制(V)"选项,如图 11-26 所示。

图 11-26 选择"移动/复制"选项

在左侧 Property Manager 参数项目中，要移动/复制的实体选择新建凸轮，旋转参考选择新建的"基准轴1"，角度设置为"120.00度"，如图11-27所示，然后按<Enter>键或单击右上角或左边的✔按钮。

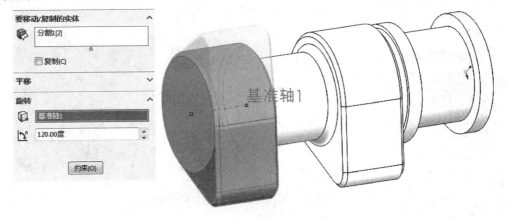

图 11-27 凸轮的旋转

（10）单击"草图"栏中的"圆（R）" ⊙ 图标，以新建凸轮的端面为基准面，以中间原点为圆心画一半径为"13.00 mm"的圆，如图11-28所示。

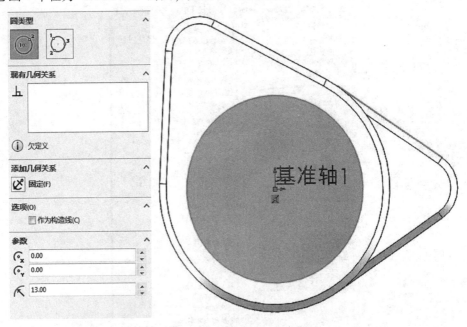

图 11-28 轴颈圆的绘制

单击"特征"栏中的"拉伸凸台/基体" 图标进行拉伸，拉伸长度为"29.00 mm"，如图11-29所示，然后按<Enter>键或单击右上角或左边的✔按钮。

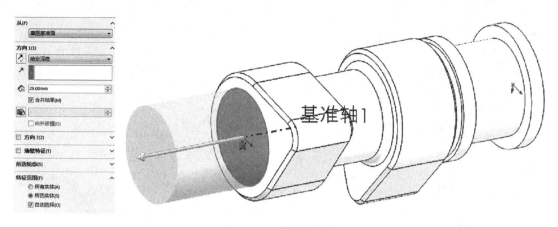

图 11-29 轴颈圆拉伸

(11)按照步骤(10)中分割实体的方法,将第一个凸轮与最初绘制的轴颈分割开来,如图 11-30 所示。

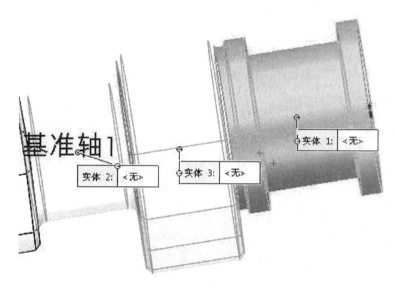

图 11-30 分割凸轮

单击"线性阵列"图标,在左侧 Property Manager 参数项目中,方向 1(1)选择新建轴颈端面,间距设置为"87.00 mm",实例数设置为"4",勾选"实体"复选框,实体选择已建立的两个凸轮,如图 11-31 所示,然后按<Enter>键或单击右上角或左边的✓按钮。

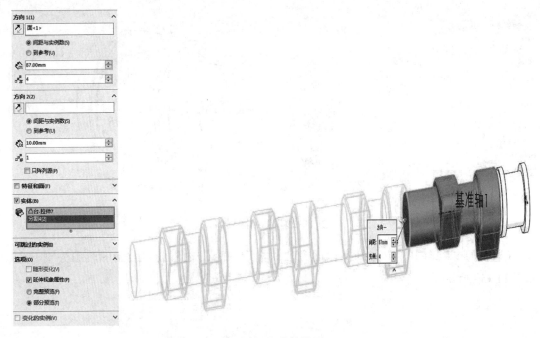

图 11-31 凸轮阵列

按照步骤(10)中分割实体的方法，将所有凸轮与轴颈分割开来，如图 11-32 所示，然后按<Enter>键或单击右上角或左边的✔按钮。

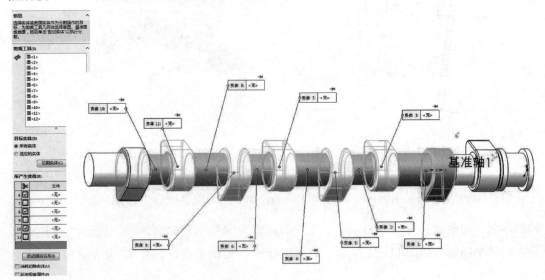

图 11-32 分割凸轮

再按照步骤(10)中旋转实体的方法，将每个凸轮按照实际需求转过一定的角度，如图 11-33 所示。

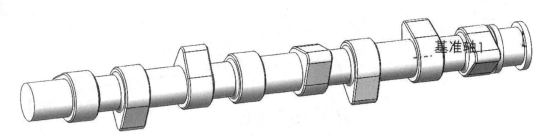

图 11-33 旋转凸轮

（12）单击"草图"栏中的"圆（R）" ⊙ 图标，以新建轴颈的端面为基准面，以中间原点为圆心画一半径为"16.00 mm"的圆，如图 11-34 所示。

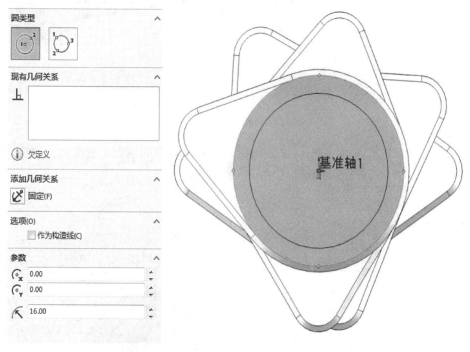

图 11-34 绘制圆

单击"特征"栏中的"拉伸凸台/基体" 图标进行拉伸，拉伸长度为"9.00 mm"，如图 11-35 所示，然后按<Enter>键或单击右上角或左边的✓按钮。

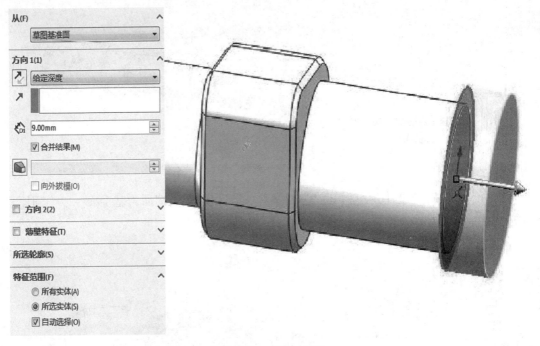

图 11-35 凸台拉伸

(13)单击"草图"栏中的"圆(R)" ⊙ 图标,以新建凸台的端面为基准面,以中间原点为圆心画一半径为"11.00 mm"的圆,如图 11-36 所示。

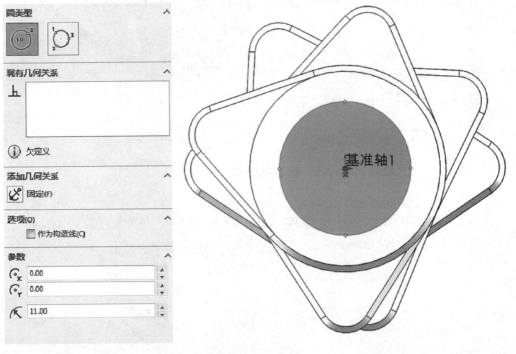

图 11-36 绘制圆

单击"特征"栏中的"拉伸凸台/基体" 图标进行拉伸，拉伸长度为"17.00 mm"，如图 11-37 所示，然后按<Enter>键或单击右上角或左边的✓按钮。

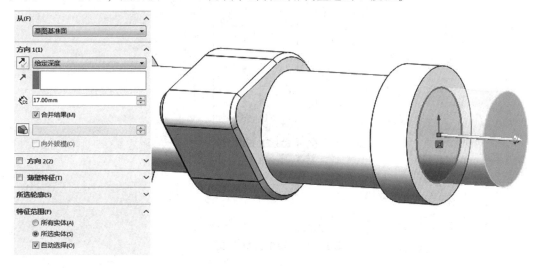

图 11-37　凸台拉伸

至此，整个凸轮轴机件基础模型绘制完成，如图 11-38 所示。

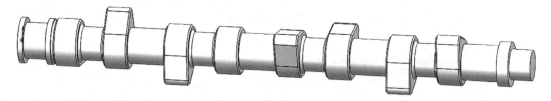

图 11-38　凸轮轴机件模型

11.3　凸轮轴基础模型几何特征添加

11.3.1　凸轮轴沉孔的添加

凸轮轴沉孔的添加步骤如下。

(1)单击左侧设计树中的右视基准面，单击"草图"栏中的"直线" 图标，以图 11-38 中左侧凸台圆心为起点，沿轴向方向画一条长为 12 mm 的直线，再以凸台圆心为起点，沿径向方向画一条长为 6 mm 的直线，将两条直线的终止点连接起来，构成一个直角三角形，如图 11-39 所示。

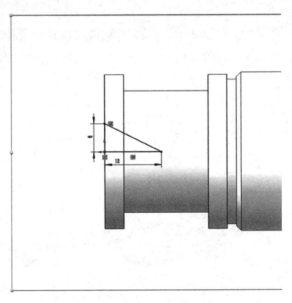

图 11-39 绘制直角三角形

（2）单击"特征"栏中的"旋转切除" 图标，在左侧 Property Manager 参数项目中，旋转轴设置为长为"12.00 mm"的"直线1"，方向1(1)的角度设置为"360.00度"，如图 11-40 所示，然后按<Enter>键或单击右上角或左边的✓按钮。

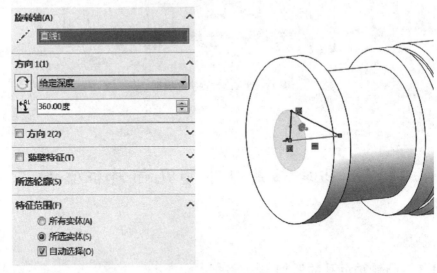

图 11-40 旋转切除

11.3.2 凸轮轴前端紧固定位螺栓孔的添加

凸轮轴前端紧固定位螺栓孔的添加步骤如下。

（1）单击"草图"栏中的"圆（R）" 图标，以图 11-38 中右侧凸台的端面为基准面，以中间原点为圆心画一半径为"6.00 mm"的圆，如图 11-41 所示。

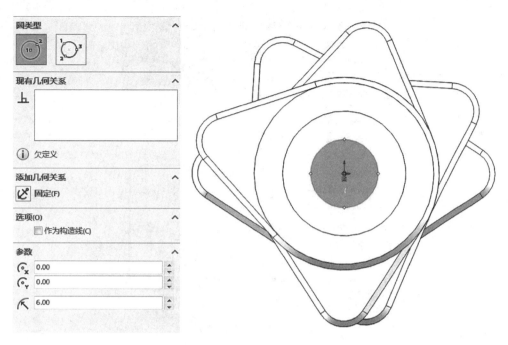

图 11-41 圆的绘制

单击"特征"栏中的"拉伸切除" 图标,给定深度设置为"42.00 mm",如图 11-42 所示,然后按<Enter>键或单击右上角或左边的 ✓ 按钮。

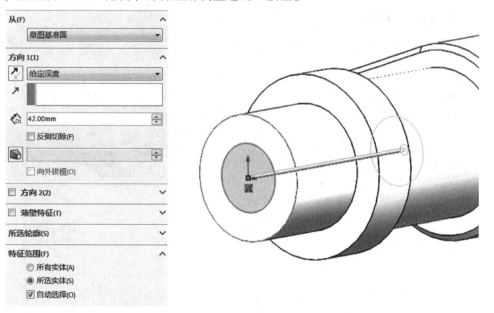

图 11-42 螺孔的拉伸切除

(2)按照步骤(1)中绘制圆的方法在相同位置绘制出大小相同的圆,选择"插入"→"曲线"→"螺旋线/涡状线"选项,如图 11-43 所示。

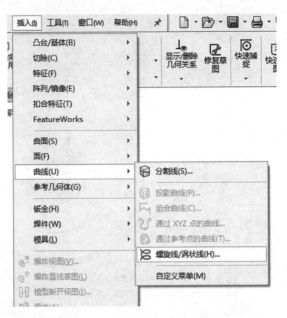

图 11-43 选择螺旋线

在左侧参数项目中，设置螺距为"1.00 mm"，如果螺纹线没在拉伸切除的螺栓孔中，勾选"反向"复选框，圈数设置为"42"，起始角度设置为"90.00 度"，如图 11-44 所示，然后按<Enter>键或单击右上角或左边的✓按钮。

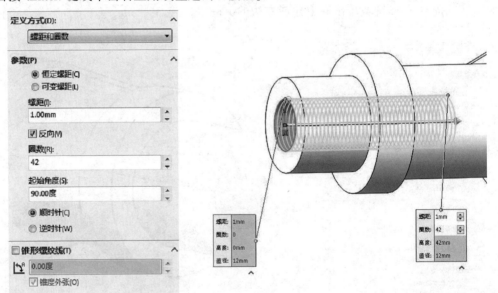

图 11-44 绘制螺纹线

单击"视图定向" 图标中的"下三角"符号，选择右视图。再单击"草图"栏中的"多边形" 图标。在左侧设计树中，选择右视基准面为基准面，在 Property Manager 参数项目中，将边数设置为"3"，圆直径以实际需要设定，移动光标捕捉螺纹线外侧最高点（即为螺纹起始点）为多边形内切圆的圆心，绘制出一个三角形，光标所指的三角形顶点必须与

· 192 ·

螺纹线相交,如图11-45所示。

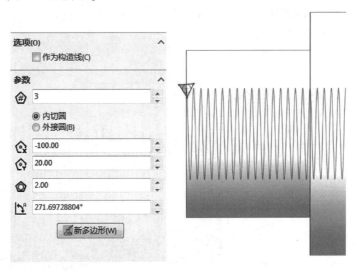

图11-45 绘制齿形轮廓

然后单击"退出草图"图标,完成草图的绘制。单击"特征"栏中的"扫描切除"图标,在左侧Property Manager参数项目中,设置轮廓为绘制的三角形,路径为螺纹线,如图11-46所示,然后按<Enter>键或单击右上角或左边的✔按钮。

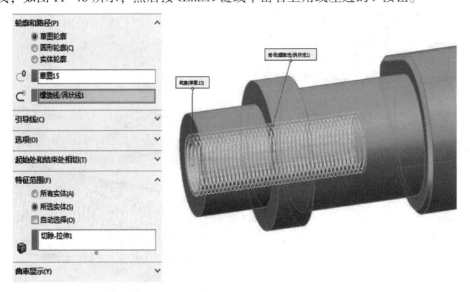

图11-46 绘制螺纹

11.3.3 凸轮轴径向定位键槽的添加

凸轮轴径向定位键槽的添加步骤如下。

(1)单击"视图定向"图标中的"下三角"符号,选择右视图。单击"草图"栏中的

"圆(R)" ⊙·图标，以设计树中的右视基准面为基准面，以螺孔端凸台长度方向上的中点（鼠标自动捕捉中点）为圆心画一半径为"3.00 mm"的圆，如图11-47所示。

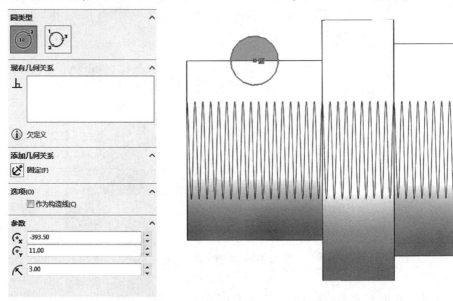

图11-47 键槽绘制

(2)单击"特征"栏中的"拉伸切除" 图标，方向1(1)给定深度设置为"2.00 mm"，勾选"方向2(2)"复选框，给定深度设置为"2.00 mm"，如图11-48所示，然后按<Enter>键或单击右上角或左边的 ✓ 按钮。

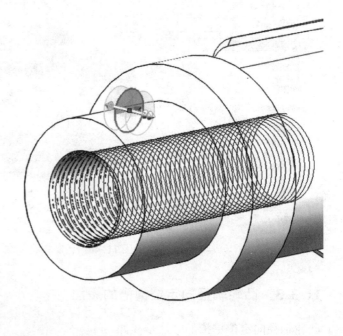

图11-48 键槽拉伸切除

至此,凸轮轴模型建立完成,如图 11-49 所示。

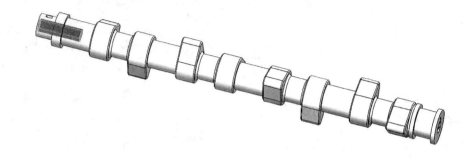

图 11-49　凸轮轴模型

11.4　凸轮轴正时齿轮建模步骤

凸轮轴正时齿轮建模参数见表 11-2。

表 11-2　凸轮轴正时齿轮建模参数

名称	数据
齿轮齿数	52
模数	2.5
压力角	20°
齿顶圆半径	67.5 mm
分度圆半径	65 mm
基圆半径	61.08 mm
齿根圆半径	61 mm
轮齿厚度	3.927 mm
齿轮厚度	26 mm
齿轮内孔半径	5.5 mm
齿轮内孔键槽宽度	5.5 mm

(1) 打开 SolidWorks,单击右侧的设计库,选择"Toolbox"选项,双击"GB"图标,再双击"动力传动"图标,接着双击"齿轮"图标,如图 11-50 所示。

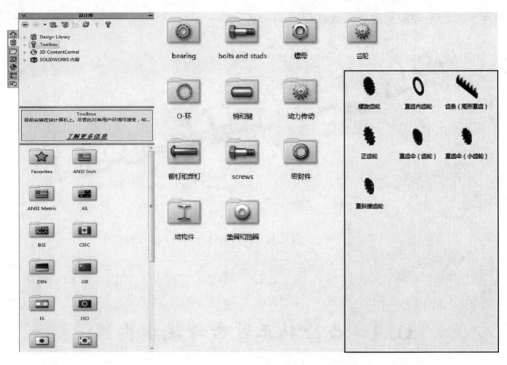

图 11-50 选择齿轮

右击正齿轮,选择"生成零件"选项,在左侧属性框中输入齿轮的参数,模数为"2.5",齿数为"52",压力角为"20",面宽为"26",毂样式选择"类型 A",标称轴直径设置为"22",然后按<Enter>键或单击右上角或左边的✔按钮,如图 11-51 所示。

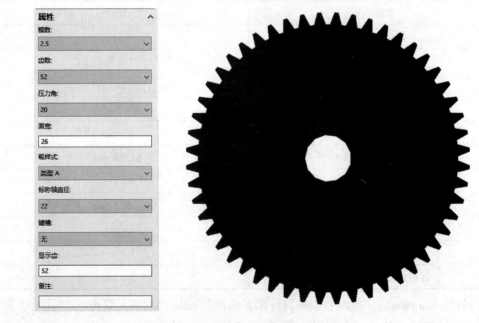

图 11-51 生成齿轮

(2)单击"草图"栏中的"圆(R)" ⊙·图标,选择齿轮的一个端面作为基准面,以中间原点为圆心分别画直径为 40 mm、114 mm 的圆,如图 11-52 所示。

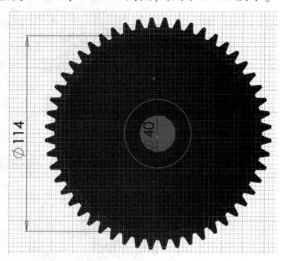

图 11-52　绘制圆

单击"特征"栏中的"拉伸切除" 图标,拉伸切除深度为 5 mm,然后按<Enter>键或单击右上角或左边的✔按钮,如图 11-53 所示。

图 11-53　定义凹槽

(3)在凸台的另一面以步骤(2)的方法画出大小相同的凹槽。

(4)单击"视图定向" 图标,使齿轮端面正对自己。单击"草图"栏中的"圆(R)" ⊙·图标,以中间原点为圆心分别画直径为 40 mm、114 mm 的圆,再单击"直线" ·图标,连接直径为 40 mm 与直径为 114 mm 圆的正上方的两点。接着画一条起点在直径为 40 mm 的圆上,终点在直径为 114 mm 的圆上的直线,角度为"45.000°",如图 11-54 所示。

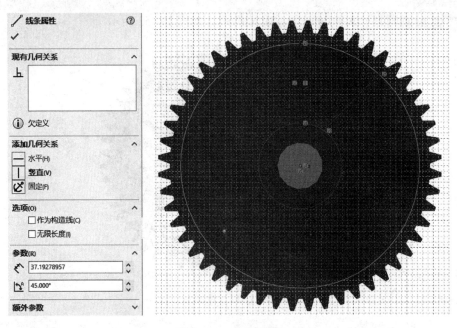

图 11-54 定义直线

单击"剪裁实体" 图标中的"下三角"符号,选择"剪裁实体(T)",剪裁掉两圆的优弧,如图 11-55 所示。

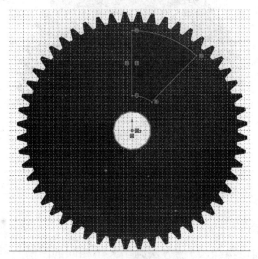

图 11-55 剪裁线段

单击"绘制圆角" 图标,在左侧设置圆角半径为"5.00 mm",要圆角化的实体依次选择劣弧、直线、劣弧、直线,如图 11-56 所示,然后按<Enter>键或单击右上角或左边的✓按钮。

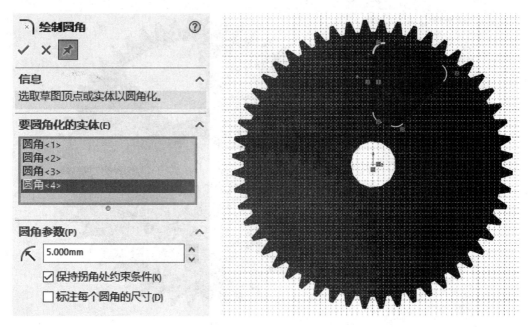

图 11-56 绘制圆角

单击"特征"栏中的"拉伸切除" 图标，方向设置为"完全贯穿"，选择绘制的图形，然后按<Enter>键或单击右上角或左边的✓按钮，如图 11-57 所示。

图 11-57 拉伸切除

（5）单击"特征"栏中"线性阵列" 图标中的"下三角"符号，选择"圆周阵列"，方向为半径为 22 mm 的中心孔的边线，选择"等间距"，个数为"6"，特征和面为步骤(4)所拉伸切除的孔，如图 11-58 所示，然后按<Enter>键或单击右上角或左边的✓按钮。

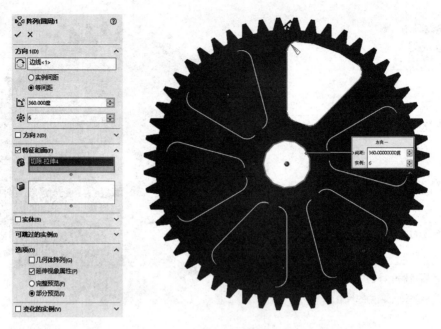

图 11-58 阵列命令

(6)单击"视图定向"图标,使齿轮正对自己。单击"草图"栏中的"多边形"图标,以正对自己的面为基准面,以半径为 11 mm 的中心孔最上端的一点为内切圆圆心画一个矩形。在左侧修改参数,边数为"4",选择"内切圆"单选按钮,X 坐标为"0.000",Y 坐标为"11.000",圆的直径为"4.000",角度为"45.000°",如图 11-59 所示。

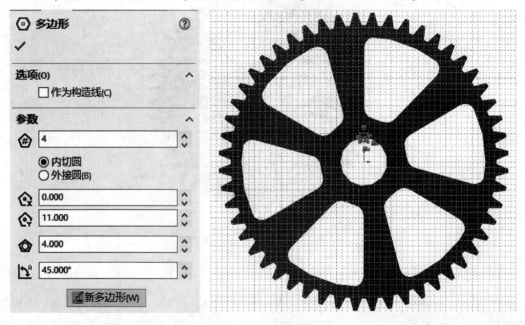

图 11-59 绘制键槽

单击"特征"栏中的"拉伸切除"图标,方向设置为"完全贯穿",如图 11-60 所示,接着按<Enter>键或单击右上角或左边的✓按钮。

图 11-60 定义键槽

至此,凸轮轴正时齿轮模型建立完成,如图 11-61 所示。

图 11-61 凸轮轴正时齿轮

第 12 章 同步正时带建模

12.1 同步正时带概述

汽车同步带是发动机配气系统的重要组成部分，它通过与曲轴的连接并配合一定的传动比来保证进、排气时间的准确性。使用皮带而不是齿轮来传动是因为皮带噪声小，传动精确，自身变化量小而且易于补偿。显而易见，皮带的寿命肯定要比金属齿轮短，因此要定期更换皮带。

正时皮带的作用就是当发动机运转时，保证活塞的行程(上下的运动)、气门的开启与关闭(时间)、点火的顺序(时间)在"正时"的连接作用下，时刻保持"同步"运转。

正时，就是通过发动机的正时机构，让每个气缸正好做到：当活塞向上正好到上止点时，气门正好关闭，火花塞正好点火。

正时皮带属于耗损品，而且正时皮带一旦断裂，凸轮轴则不会照着正时运转，此时极有可能导致气门与活塞撞击而造成严重毁损，所以正时皮带一定要依据原厂指定的里程或时间更换。

当汽车发动机工作时，气缸内不断发生进气、压缩、爆炸、排气四个过程，并且每个步骤的时机都要与活塞的运动状态和位置相配合，使进气与排气及活塞升降相互协调。正时皮带在发动机里面扮演了一个"桥梁"的作用，在曲轴的带动下将力量传递给相应机件。许多高档车为保证正时系统工作稳定，采用金属链条来替代皮带。由于车辆正时齿形皮带断裂后会造成发动机内部气门损坏，危害较大，故一般厂家都对正时皮带规定了更换周期。

正时皮带属于橡胶部件，随着发动机工作时间的增加，正时皮带和正时皮带的附件，如正时皮带张紧轮、正时皮带张紧器和水泵等都会发生磨损或老化。因此，凡是装有正时皮带的发动机，厂家都会严格要求定期更换正时皮带及附件。更换周期随着发动机的结构不同而不同，一般在车辆行驶到6万~10万千米时应该更换，具体的更换周期应该以车辆的保养手册为准。

12.2 同步正时带建模步骤

同步正时带参数见表12-1。

表12-1 同步正时带参数

名称	数据
同步带大圆半径	80 mm
同步带小圆半径	50 mm
两圆中心距	500 mm
同步带厚度	12 mm
同步带宽度	25 mm

同步正时带建模步骤如下。

(1)打开SolidWorks软件，创建一个新零件。在设计树中选择右视基准面，单击"正视于"图标，然后选择"草图"→"草图绘制"选项，进入草图绘制界面。

(2)单击"圆"图标，在右视基准面上画2个圆，其半径分别为80 mm(圆1)和50 mm(圆2)，如图12-1所示。

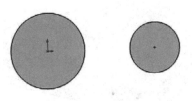

图12-1 画两个圆

(3)单击"智能尺寸"图标，对两个圆的圆心距进行限制(500 mm)，如图12-2所示。

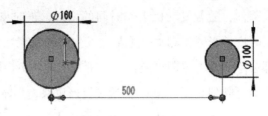

图 12-2　尺寸限制

(4) 单击"直线" 图标，画 2 条直线，如图 12-3 所示。

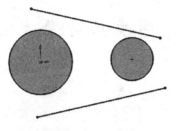

图 12-3　画直线

(5) 分别选中两条直线，然后按住<Ctrl>键，选择两个圆，使直线与圆相切，如图 12-4 所示。

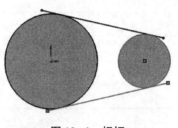

图 12-4　相切

(6) 单击"剪裁实体" 图标中的"下三角"符号，选择"剪裁到最近端"

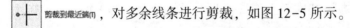，对多余线条进行剪裁，如图 12-5 所示。

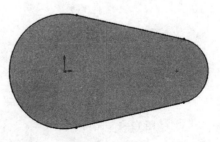

图 12-5　剪裁

(7) 单击"前视基准面" 图标，并在其上绘制一矩形，定义其长宽分别为"25.00"和"12.00"，如图 12-6 和图 12-7 所示。

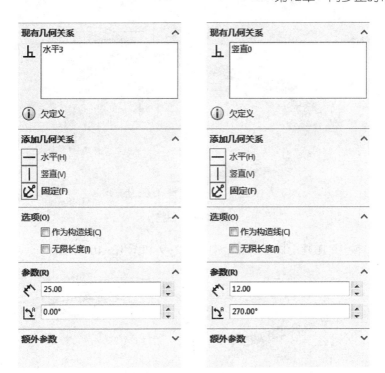

图 12-6 矩形绘制

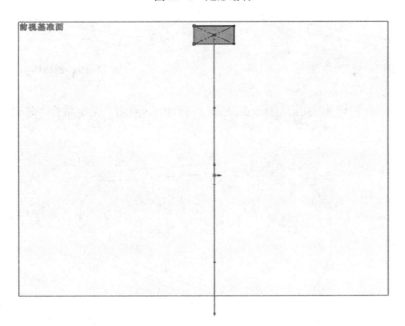

图 12-7 矩形绘制

(8) 单击"扫描" 扫描图标，如图 12-8 所示。

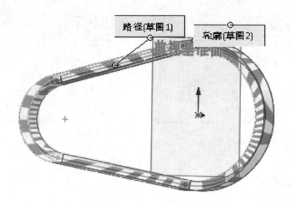

图 12-8 扫描

(9)选中基准,并在其上画一梯形,如图 12-9 和图 12-10 所示。

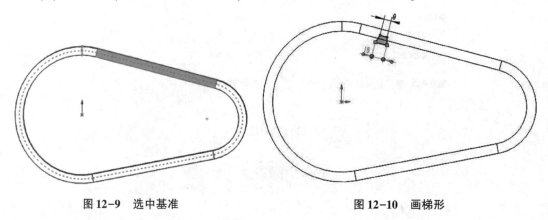

图 12-9 选中基准　　　　　　图 12-10 画梯形

(10)单击"拉伸切除" 图标,对梯形进行切除(选择"完全贯穿"选项),如图 12-11 所示。

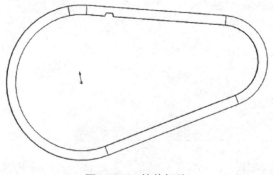

图 12-11 拉伸切除

(11)单击"线性阵列" 图标中的"下三角"符号,选择"曲线驱动的阵列" ,对上一步所拉伸切除的特征进行曲线阵列,如图 12-12 和图 12-13 所示。

(12)同步正时带最终效果如图12-14所示。

图12-12 曲线阵列同步带

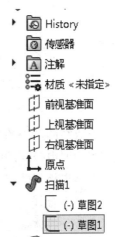

图12-13 选择扫描方向

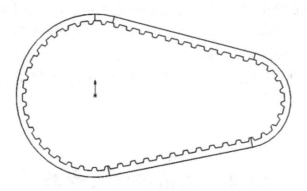

图12-14 同步带

第 13 章 火花塞建模

13.1 火花塞概述

火花塞将点火线圈产生的高压电引入燃烧室,中心电极和侧电极间的电场强度不断增大,当达到临界值时电极间的间隙被击穿,形成放电通道,在强电场作用下高速运动的电子和离子使火花塞电极间的气体炽热发光,即火花放电现象,该电火花的温度极高,足以点燃气缸内的可燃混合气。

火花塞由陶瓷绝缘体、电源螺帽插头、螺纹槽、电阻、侧电极地线、电极间隙、中心电极、密封垫片、壳体、六角螺母等组成。绝缘体必须具有良好的绝缘性、导热性及较高的机械强度,能耐高温热冲击和化学腐蚀,材料通常是95%的氧化铝陶瓷。壳体是钢制件,功能是将火花塞固定在气缸盖上。火花塞电极包括中心电极和侧电极,两者之间为电极间隙。间隙的大小直接影响着发动机的启动、功率、工作稳定性和经济性。火花塞电极间隙范围是 0.8~1.2 mm,电极间隙的大小与点火电压有关。电极材料必须具有良好的耐电蚀和耐腐蚀能力,并应具有良好的导热性。中心电极与接线螺杆之间是导体玻璃密封剂,既要能导电,也要能承受混合气燃烧的高温电压,同时保证其密封性。

13.2 火花塞建模步骤

火花塞参数见表 13-1。

表 13-1　火花塞参数

名称	数据	名称	数据
火花塞总长度	95 mm	中心电极直径	2 mm
绝缘体直径	5.6 mm	壳体直径	12 mm
电极凸台拔模	25°	绝缘金属壳体间凹槽深度	20 mm
螺纹螺旋线高度	38 mm	绝缘金属壳体间凹槽宽度	1.2 mm
螺纹螺距	1 mm	螺纹圈数	38
螺纹直径	14 mm	中央凹槽宽度	2.4 mm
中央凹槽深度	2.2 mm	正六边形螺母内切圆直径	18 mm
正六边形螺母宽度	10 mm	陶瓷绝缘凸台直径	11 mm
陶瓷绝缘凸台拔模	3°	电源插头直径	2 mm
电源插头长度	7 mm		

火花塞建模步骤如下。

(1) 打开 SolidWorks 软件,创建一个新零件。在设计树中选择前视基准面,单击"正视于" 图标,然后选择"草图"→"草图绘制"选项,进入草图绘制界面。

(2) 单击"圆"图标,以原点为圆心绘制出一个直径为 2 mm 的圆,退出草图后单击"凸台拉伸"图标,将图拉伸 43.5 mm,形成圆柱 1,如图 13-1 和图 13-2 所示。完成后重复上述操作,分别作出直径为 5.6 mm、高为 42 mm,直径为 12 mm、高为 40 mm 的圆柱 2 和圆柱 3,如图 13-3 和图 13-4 所示。

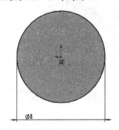

图 13-1　火花塞中心电极草图

图 13-2　火花塞中心电极(圆柱 1)

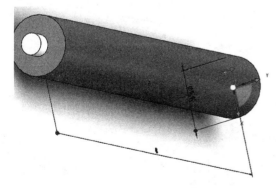

图 13-3　绝缘体模型(圆柱 2)

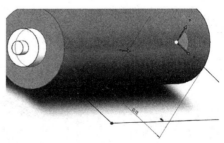

图 13-4　壳体模型(圆柱 3)

（3）单击"拔模"图标，选择圆柱 1 凸出端进行 25°的拔模，形成凸台 1，制成台形中心电极，如图 13-5 所示。

图 13-5　台形中心电极

（4）制作侧电极凸台，选择圆柱 3 的上端面进入草图绘制界面，绘制如图 13-6 所示的长为 2 mm、宽为 1 mm 的长方形，退出草图后单击"凸台拉伸"图标将其 5 mm，形成如图 13-7 所示的四棱柱 1。

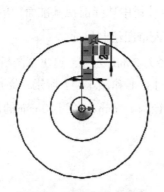 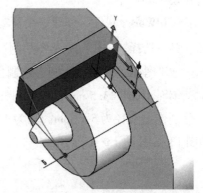

图 13-6　侧电极凸台草图　　　　图 13-7　四棱柱 1（侧电极凸台雏形 1）

（5）单击"镜向"图标，以四棱柱 1 内侧面为镜向面，四棱柱 1 为镜向特征进行镜向操作，形成四棱柱 2，如图 13-8 所示。

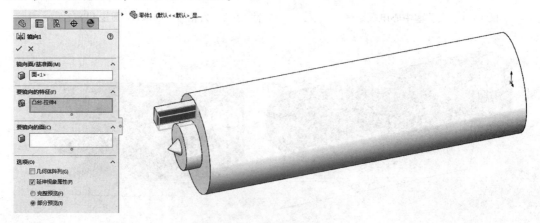

图 13-8　四棱柱 2（雏形 2）

(6)完成四棱柱 2 后,选择四棱柱 2 的外侧面进入草图绘制界面,绘制如图 13-9 所示的长为 8 mm、宽为 2 mm 的矩形。退出草图后单击"凸台拉伸"图标将其拉伸 2 mm,绘制成如图 13-10 所示的侧电极。完成上述操作后单击"圆角"图标,对侧电极进行圆角处理如图 13-11 所示,圆角效果如图 13-12 所示。

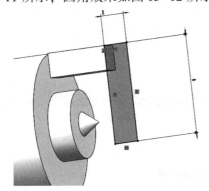

图 13-9　侧电极草图 1

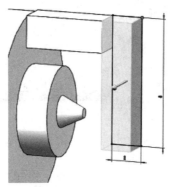

图 13-10　侧电极草图 2

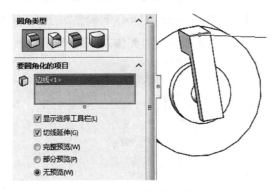

图 13-11　圆角处理

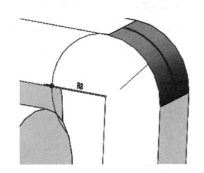

图 13-12　圆角效果

(7)选择侧电极内侧表面进入草图绘制界面,在中心位置作一个直径为 2 mm、高为 0.5 mm 的圆柱凸台,如图 13-13 所示。完成此操作后单击"草图"栏中的"实体引用"图标,将凸台 3 的直径圆引用为草图,然后退出草图绘制界面,以此直径圆为草图进行反向拉伸切除,具体操作如图 13-14 和图 13-15 所示。

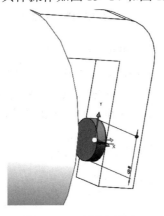

图 13-13　侧电极凸台

图 13-14　拉伸切除数据

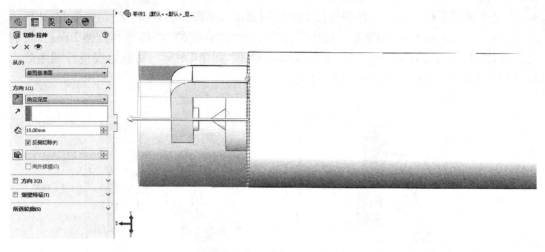

图 13-15 拉伸切除效果

(8) 单击凸台 3 的上表面进行草图绘制，画出两半径为 2.8 mm 和 4 mm 的同心圆，如图 13-16 所示。退出草图后单击"拉伸切除"图标，选择两同心圆轮廓线进行深度为"20.00 mm"的切除操作，如图 13-17 所示，绘制绝缘体与金属壳体之间的凹槽部分。

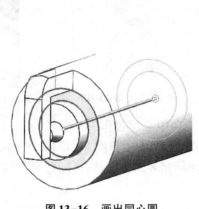

图 13-16 画出同心圆

图 13-17 深度

(9) 接下来绘制火花塞连接部分的螺纹机体（在使用 SolidWorks 绘制螺纹时一般只用绘制螺纹曲线表示螺纹即可）。单击圆柱的下表面进入草图绘制，画出一个直径为 14 mm 的圆。退出草图绘制后选择"插入"→"曲线"→"螺纹线绘制"选项，以上一操作所绘制的圆为基圆绘制出螺距为 1 mm、高度为 38 mm 的螺旋线，以此代表螺纹基体，如图 13-18 ~ 图 13-20 所示。

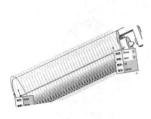
图 13-18 螺纹基体

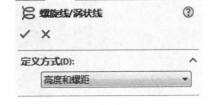
图 13-19 螺旋线生成方式

图 13-20 螺旋线生成参数

(10) 选择圆柱的下表面进入草图绘制界面,绘制直径为 18 mm 的圆,退出草图后将其拉伸 11 mm、绘制出如图 13-21 所示的台柱 4。选择台柱 4 的下表面进入草图工作界面,绘制出一个半径为 7.8 mm 的圆,退出草图后进行拉伸切除,切除深度为 1.2 mm,制成如图 13-22 所示的圆形凸台作为火花塞的金属壳体中间部分的上半部分。

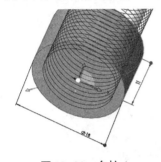
图 13-21 台柱 4

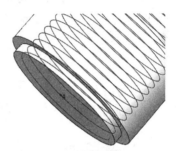
图 13-22 图形凸台

(11) 制成上半部分后直接用镜向操作对上半部分进行镜向,即可完成火花塞金属壳体中间部分的建模,如图 13-23 和图 13-24 所示。

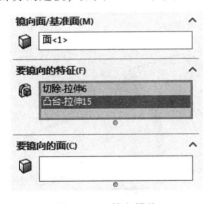
图 13-23 镜向操作

图 13-24 镜向

(12) 接下来选择中间部分的下表面进入草图绘制界面,绘制出一个正六边形并选择参数为内切圆,如图 13-25 所示。定义其内切圆的直径为 18 mm,如图 13-26 所示。退出草图后将凸台拉伸 10 mm 制成正六角形螺母凸台,以配合拆装火花塞的相应工具的尺寸。

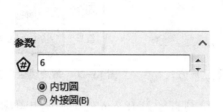 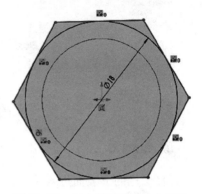

图 13-25　正六角形螺母凸台定义　　　　图 13-26　正六角形螺母凸台草图

(13) 选择火花塞上半部分的下表面进入草图绘制界面，绘制直径为 11 mm 的圆，退出草图后将其拉伸 21 mm，完成后制成如图 13-27 所示火花塞的上部绝缘部分。完成上部绝缘部分操作后对其进行如图 13-28 所示的 3°拔模操作，生成凸台。

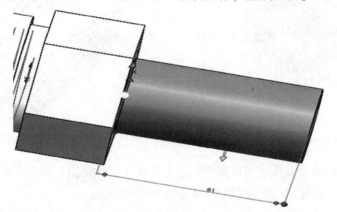

图 13-27　陶瓷绝缘体凸台雏形 1

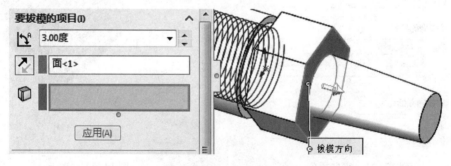

图 13-28　陶瓷绝缘体凸台雏形 2

(14) 单击凸台的下表面进入草图绘制界面，绘制一个直径为 2 mm 的圆，退出草图后单击"凸台拉伸"图标将其拉伸 7 mm，形成如图 13-29 所示的电源插头。

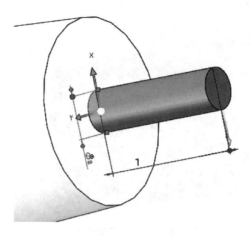

图 13-29　电源插头

（15）选择上视基准面进入草图工作界面，在火花塞下部分台柱凸台端画出一个宽 1 mm、高 1 mm 的长方形，如图 13-30 所示。单击"智能尺寸"图标对其进行如图 13-31 所示的尺寸限制。退出草图后单击"旋转切除"图标，以火花塞的中心线为旋转中线对其进行旋转切除。

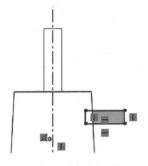

图 13-30　旋转切除草图

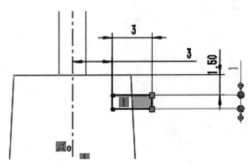

图 13-31　具体数据

（16）完成此操作后，单击"线性阵列"图标，规定阵列方向沿着火花塞向上，间距为"2.00 mm"，实列数为"5"，如图 13-32 和图 13-33 所示，特征表面为上一操作的旋转切除，设定完成后产生如图 13-34 所示的环槽阵列。

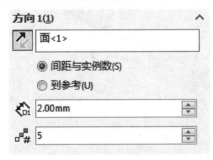

图 13-32　阵列参数

图 13-33　阵列参数

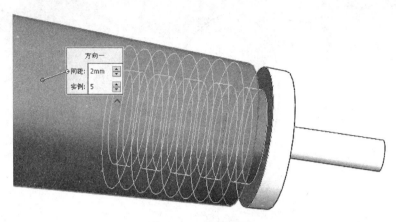

图 13-34 环槽阵列

(17)单击"倒圆角"图标,选择完整圆角对火花塞环槽进行如图 13-35 和图 13-36 所示的圆角化。至此,便创建了火花塞的模型,如图 13-37 所示。

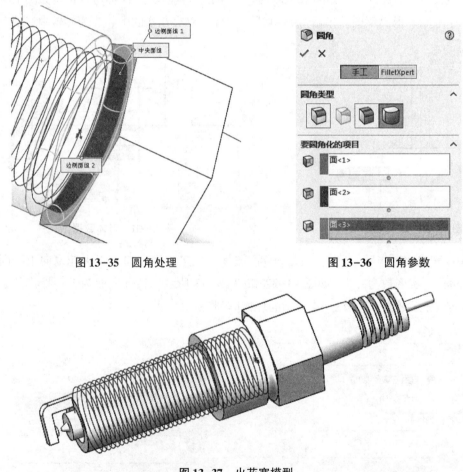

图 13-35 圆角处理　　　　　　　　图 13-36 圆角参数

图 13-37 火花塞模型

相比于前几章,火花塞的建模相对简单,用简单的拉伸、切除、阵列等就可以完成实体模型的建立。

参 考 文 献

[1] 杨波，李维娟．张金友，等．汽车发动机构造与维修[M]．北京：北京理工大学出版社，2017．

[2] 郑彬，鄂靖元．发动机连杆有限元模态分析及谐响应分析[J]．机械设计，2020，37(S1)：98-101．

[3] 关文达．汽车构造[M]．4版．北京：机械工业出版社，2016．

[4] 郑彬，周林非．曲轴正时齿轮参数化建模及模态分析[J]．机械设计，2020，37(S1)：102-106．

[5] 于秀涛．汽车构造[M]．北京：北京理工大学出版社，2018．

[6] 郑彬．虚拟仿真教学环境的混合式学习探索与实践—以"汽车构造"课程为例[J]．汽车实用技术，2019(2)：198-200．

[7] 史文库，姚为民．汽车构造[M]．北京：人民交通出版社，2016．

[8] 彼得·博尼茨．计算机辅助汽车车身设计及工业设计[M]．北京：机械工业出版社，2019．

[9] 田耘．汽车典型零部件的测绘与识图[M]．北京：机械工业出版社，2017．

[10] 李国东．零部件测绘与CAD制图实训[M]．北京：机械工业出版社，2019．